CÓMO IMPORTAR DESDE CHINA

Emprende en
alianza con el
gigante asiático

RUBÉN DÍAZ

CÓMO IMPORTAR DESDE CHINA
Copyright Rubén Díaz
Segunda edicion Marzo 2024
ISBN: 978-0-578-85050-4
Producción editorial: Becoming an Influencer Corp.

Dedicó este libro primeramente a Dios.

CONTENIDO

PRESENTACIÓN

Hay pocos emprendimientos tan llenos de dudas como importar desde China: ¿Debo contar con una fortuna para arrancar? ¿Cómo encontrar el producto que deseo? ¿Tendré que saber hablar mandarín? ¿Deberé viajar hasta Hong Kong? ¿Me irá a estafar el proveedor?, son solo algunas de las preguntas más comunes que paralizan a muchos emprendedores al momento de abrirse camino en uno de los negocios más lucrativos de los últimos tiempos.

Este libro busca responder estas inquietudes -¡y muchas otras más!- y transmitir los conocimientos adquiridos a través de mi larga experiencia en un ramo cuyos principales desafíos, como la diferencia de idiomas, cambio de moneda, horarios o inexperiencia en importación, son posibles de resolver cuando se maneja la información correcta.

Mi propósito es romper el mito según el cual la importación de productos es un negocio exclusivo para millonarios o con amplia experiencia en el mercado importador, cuando hoy abundan las herramientas para empezar con recursos limitados y según el perfil y los objetivos de cada quien. Solo hay que encontrar la opción adecuada, y ofrecértela es la principal aspiración de este libro.

Pero estas páginas no solo serán útiles para quien desee incursionar en la venta y distribución de productos importados desde China, sino también para todo visionario que sueñe con iniciar su negocio en cualquier otra área, y alcanzar la prosperidad económica y personal que siempre deseó. A ellos ofrezco mis recomendaciones sobre cómo trazar un plan de negocio, desarrollar las habilidades, crear e impulsar una tienda online, así como promover una marca comercial en las redes sociales, entre muchos aspectos más.

Ser emprendedor es creer en uno mismo cuando los demás dudan, es no desviar la atención de tu objetivo hasta alcanzarlo, pese a las muchas dificultades con las que, sin lugar a dudas, te encontrarás en el camino.

Pero soy un convencido de que, tal como fue mi caso, también tú cuentas con el poder para materializar la prosperidad que tanto anhelas tanto para ti como para quienes te rodean.

RUBEN E. DÍAZ

DE LATINOAMÉRICA A **CHINA**

Los orígenes de mi pasión y cómo la importación se convirtió en mi propósito de vida.

Mi primera vez en China junto con mi esposa y mi hijo, de apenas seis meses de nacido, fue como aterrizar en el planeta Marte: no conocía la ciudad de Guangzhou, ignoraba cómo llamar un taxi o tomar el metro, y ni siquiera tenía teléfono o tarjeta de débito para sacar dinero del cajero automático (en ese entonces, hasta ignoraba que la mayoría de los pagos del día a día se realizan allá mediante una aplicación del teléfono). En medio de aquel desconcierto y con apenas una semana en un país tan distante y desconocido, mi esposa se enfermó del riñón; y debí pedir ayuda a un empleado de la empresa donde trabajaba, para trasladarla al hospital. Yo, con un bebé entre los brazos, la iba a visitar cuando mis exigentes compromisos laborales lo permitían. Fue una experiencia abrumadora.

Así fue el brusco inicio del proceso de adaptación a una nueva vida. Cada día era un descubrimiento de la rutina más básica, desde cómo y dónde pedir comida a domicilio, aprender a desenvolverme en el mercado y reconocer los víveres cuyas etiquetas estaban escritas en chino, hasta ¡cuál botón del control remoto del televisor, también escrito en ese idioma, oprimir para cambiar de canal! (el mismo empleado de la compañía debió ponerle etiquetas que indicaban en español

"Encendido", "Apagado" o "Volumen"). Aprender la dirección de donde vivíamos fue toda una odisea.

¿Qué motivo me llevó, junto con mi esposa y un bebé de pocos meses de nacido, a aventurarme en aquella inmensidad de país con más de 1400 millones de habitantes? Sin duda, la misma razón que te trajo a ti a leer este libro: la esperanza por un porvenir. Antes de entrar en materia sobre las posibilidades de emprendimiento que te planteo en los siguientes capítulos, creo necesario dar cuenta de los pasos que me llevaron de ser aquel joven azorado con su familia en el extremo más lejano de Asia Oriental, a un exitoso emprendedor que hoy ve concretados muchos de sus sueños.

¿POR QUÉ CHINA?

Muchos son los beneficios de emprender a partir de productos importados del gigante asiático.

MECA DE LA **PRODUCCIÓN MUNDIAL**

Mira a tu alrededor, ya sea que estés en la oficina o en tu casa. Ahora busca tres o cuatro objetos que tengas a la mano y revisa su procedencia. ¡Te sorprenderá saber que muchos de esos objetos provienen de China! ¿No encontraste ningún artículo proveniente de China?

Seguro no buscaste bien: es muy probable que uno o varios elementos internos del teléfono inteligente que llevas entre las manos, o en un bolsillo de tu pantalón, haya sido fabricado en instalaciones chinas (por poner un ejemplo, la empresa Foxconn, multinacional taiwanesa con sede en el Distrito de Tucheng, Nuevo Taipéi, actúa como fabricante subcontratista para firmas como Apple o Samsung).

Desde juguetes, electrodomésticos, artículos del hogar, computadoras, celulares, e incluso iPads de Apple se fabrican hoy en China, uno de los países productores más solicitados del planeta gracias a:

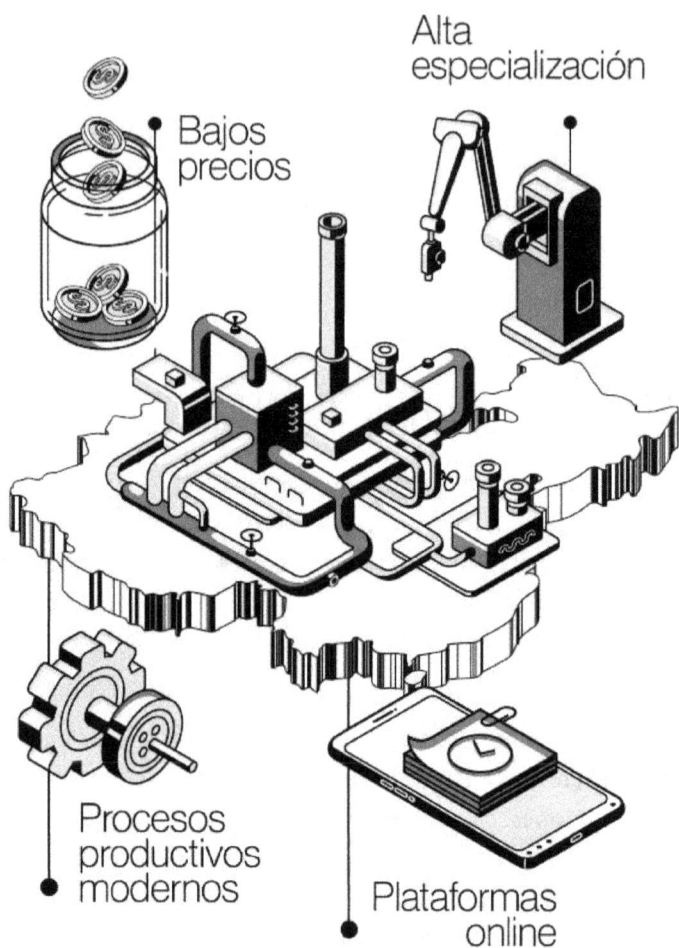

Bajos precios

Alta especialización

Procesos productivos modernos

Plataformas online

» Sus bajos precios, que lo convierten en una de las opciones más competitivas del mercado productor mundial.

» La alta especialización de sus fábricas.

» La modernización de sus procesos productivos a partir de la década de los 70, cuando el dirigente político Deng

Xiaoping lanzó una política de puertas abiertas para renovar el país después de la época maoísta.

» Las facilidades para comprar que ofrecen las plataformas online, como es el caso de Alibaba, sobre el cual profundizaremos páginas más adelante.

» La larga e intensa experiencia de comercio de la nación asiática con esta parte del mundo, afinando prácticas y estructuras que facilitan las transacciones.

» El reciente megatratado de libre comercio (firmado el 16 de noviembre de 2020), llamado RCEP por las siglas en inglés de Regional Comprehensive Economic Partnership y traducido como Alianza Integradora Económica Regional. Impulsado por China, integra comercialmente los 10 países del sudeste asiático además de Australia, Nueva Zelanda, Japón, Corea del Sur y, por supuesto, China. Un acuerdo que cubre casi una tercera parte de la población mundial. Y aunque América Latina no esté allí, los expertos predicen que las normas comunes acordadas facilitarán los negocios de las compañías latinoamericanas.

Luego de la incorporación en 2001 a la Organización Mundial del Comercio (OMC), China abrió más sus

Gracias a su mano de obra barata y disciplinada, importantes empresas del mundo externalizaron su producción y muchos empresarios chinos reprodujeron tanto el diseño como los métodos de producción de las empresas extranjeras.

fronteras a la actividad comercial entre los países occidentales, lo que generó el ingreso de millones de dólares en inversiones y convirtió a esta nación en el enclave donde importantes multinacionales deslocalizaban sus fábricas para producir más barato allá.

Esta política comercial ha dado frutos impresionantes, y hoy China es la segunda economía más poderosa del mundo, y la primera potencia económica mundial por Producto Interno Bruto (PIB). El portal manufactura.mx da cuenta de algunas de las marcas más reconocidas del planeta y cuyas partes o la totalidad de sus productos son fabricados en suelo chino:

» **Nike:** uno de los primeros del negocio de la moda que apostó por ir a China en busca de costes más competitivos para fabricar sus zapatillas y prendas deportivas. China es el país que concentra la mayor parte de la actividad industrial de Nike, donde la empresa de ropa y accesorios maneja alrededor de 200 fábricas.

» **Apple:** la fábrica en Zhengzhou produce unos 500.000 teléfonos inteligentes al día.

» **Black & Decker:** crea herramientas eléctricas y electrodomésticos en Shanghái y Suzhou.

» **Caterpillar:** sus instalaciones de fabricación están asentadas en Tianjín, Suzhou y Wuxi.

» **Dell:** fabrica sus productos tecnológicos en Xiamen y Chengdu.

» **Ford Motor Company:** cuenta con una participación de 49 % en las empresas productoras chinas Jiangling Motors y Changan Ford Mazda Engine.

» **Mattel:** la empresa de juguetes mantiene plantas en Guanyao, al sur de China, donde desde 1959 produce marcas como Barbie, Fisher-Price, Matchbox, Hot Wheels, Masters of the Universe y American Girl.

» Muchas de las grandes marcas reconocidas por su calidad, como Armani y Prada, elaboraban sus productos a partir de fabricantes y contrataciones asiáticas. China produce en el mundo:

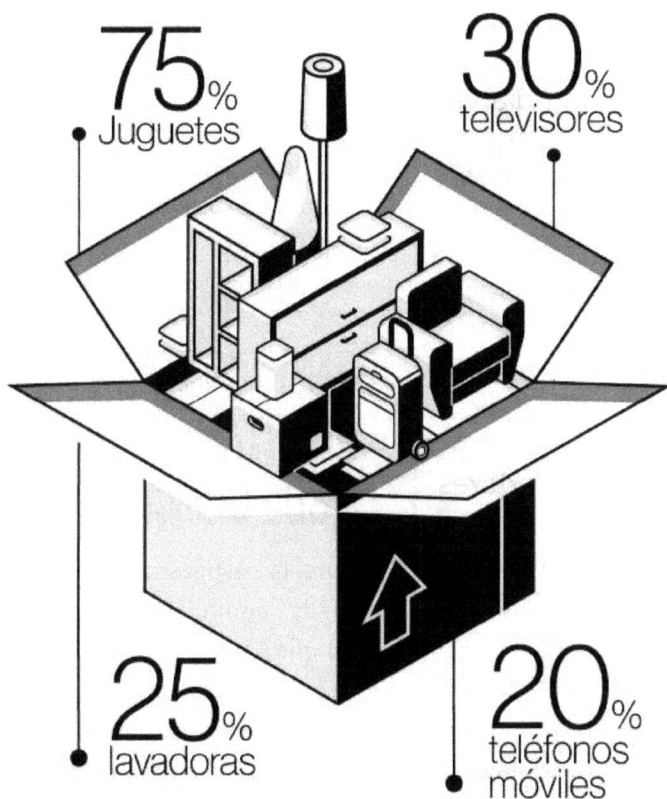

75% Juguetes

30% televisores

25% lavadoras

20% teléfonos móviles

Latinoamérica es un territorio estratégico dentro de este panorama. Según Peter Mauricio, miembro de la Comunidad de

Según la Comisión Económica para América Latina y el Caribe (CEPAL), las economías de China y de Latinoamérica son los polos de crecimiento mundial del momento porque crecerán en los próximos años entre dos y tres veces más rápido que las economías industrializadas. Como emprendedores, ¡aprovechemos esta situación favorable!

Estudios Chinos y Latinoamericanos (CECLA), "en América Latina el número de personas que habla de los beneficios que han traído los productos chinos va creciendo continuamente, dado que los productos y servicios innovadores, como Mobike, DiDi y WeChat, han dejado espectaculares impresiones en la conciencia del pueblo latinoamericano". Sin contar que en muchos países latinoamericanos no exigen ciertas certificaciones a muchos productos y que sí son obligatorias en los casos de Europa y Estados Unidos.

BENEFICIOS DE IMPORTAR DESDE CHINA

Ahora la respuesta a la pregunta que da nombre a este capítulo: ¿Por qué China? Como el principal mercado generador de productos del planeta, China te ofrece grandes posibilidades para emprender y escalar tu negocio, independientemente del capital que tengas para comenzar. A continuación te expongo las principales ventajas de iniciar tu negocio a partir de productos importados desde este milenario país:

China es un país barato para viajar como turista o, en el caso de la importación de productos, para contactar directamente con proveedores. Los boletos en avión suele tener grandes descuentos si reservas tres meses antes, mientras la comida y el transporte son muy económicos, resultando más costosos los alquileres de pisos. Para que el consulado proporcione visa de turista debes presentar como requisitos la reserva del boleto aéreo, reserva de hotel, carta de invitación, y algunos certificados penales. Infórmate antes en el consulado ya que la política de entrada cambia constantemente.

1. PRECIOS BAJOS

El mercado chino ofrece precios realmente bajos con relación a los encontrados en otros países. Esta situación lleva a que los márgenes de rentabilidad sean mayores para los distribuidores y minoristas.

2. VARIEDAD DE PRODUCTOS

El producto que se te ocurra, desde zapatos y accesorios de vestir, diminutas piezas electrónicas hasta maquinaria pesada, son posibles de importar desde China para emprender tu negocio. Un factor dentro de la variedad es la alta especialización de sus productos, con la creciente capacitación de la mano de obra y así cumplir con los criterios más exigentes.

3. BUENA CALIDAD

Durante los últimos años, esta nación se ha esmerado en derribar muchos de los mitos alrededor de la calidad de los productos chinos, de lo que te hablaré en el siguiente apartado.

Te adelanto que, por experiencia propia, puedo asegurar que la calidad ha mejorado consistentemente. Prueba de ello son las reconocidas marcas que siguen apostando por este mercado productor.

4. LOGÍSTICA A UN CLIC

Muchos eran los inconvenientes que enfrentaba quien, tiempo atrás, deseaba importar desde China. Los problemas iban desde el costo de los viajes y desplazamientos a China, las comisiones bancarias para los pagos, la diferencia horaria y el idioma, poder conseguir proveedores de confianza o tratar con intermediarios que reducían los márgenes de rentabilidad del negocio, los volúmenes mínimos de pedido, plazos de entregas y demás exigencias que hacían desistir a muchos emprendedores.

No obstante, el surgimiento de empresas orientadas a prestar servicios de logística de carga, asesoría y auditorías a clientes que deseen comprar y exportar de China, entre muchos trámites más, han reducido, por no decir eliminado casi por completo, el proceso que años atrás representaba un rompecabezas difícil de resolver.

¿QUÉ ES EL AGENCIAMIENTO COMERCIAL?

Una agencia comercial es la figura intermedia entre la empresa que vende determinados productos o servicios y el comprador, a quien ofrece una cartera de varios servicios como búsqueda y verificación de credenciales de proveedores, labores de transporte y demás. En ningún momento la agencia adquiere la propiedad de aquello que asesora en comprar, pues no se trata de un distribuidor o mediador.

DERRIBANDO **MITOS**

Conoce la realidad
detrás de las creencias
falsas alrededor de
la importación de
productos chinos.

Abundan los estigmas alrededor de la mercancía china, muchos de ellos producto de malas experiencias específicas y desconocimiento de la dirección industrial que esta gran potencia ha tomado en los últimos años. Veamos algunos de los principales mitos, y lo falso que resultan cuando los contrastamos con la realidad:

MITO 1:
"LA MERCANCÍA ES BASURA"

Como comenté líneas atrás, grandes marcas reconocidas por la calidad de sus prendas, como Armani, Hugo Boss o Prada, producen muchos de sus artículos en China. Estas empresas tienen una reputación que cuidar, así que no pueden darse el lujo de dejar de lado la calidad por abaratar costos. ¡Para nada!

"Anteriormente las personas se sentían avergonzadas de recibir cualquier cosa elaborada en China. Ese no es el caso ahora. Es un momento excitante para las marcas chinas, y las personas buscan un estilo de vida chino al cual aspirar ", afirma Shaun Rein, fundador de la firma consultora China Market Research Group, en su libro El fin de los imitadores en China (The End

Pero la calidad dependerá de lo que tú exijas como cliente. Cuando solicitas mercancía de China debes pedir ciertas características: tipo de material, cómo se procesa el producto y hasta muestras previas de lo que deseas. Al momento de contratar una empresa de importación debes cerciorarte de que te ofrezca las siguientes garantías que avalen la calidad de tu producto:

» Encontrar proveedores de confianza.

» Detectar los problemas de calidad antes de la compra.

» Realizar un seguimiento más detallado de las operaciones.

» Confirmar el estado del producto al momento del envío.

CONTROL DE CALIDAD

Muchos son los beneficios de ofrecer al mercado un producto de calidad, desde alinear tus exigencias con las necesidades y deseos de tus clientes, sobrellevar los factores que pudiesen afectar tu negocio (como el aumento del precio), además de mejorar la imagen de tu marca y fidelizar al cliente. Entre los factores a considerar para mantener la calidad de tu producto importado desde China, recuerda siempre tomar en cuenta:

» Características técnicas del producto, como peso y tamaño.

» Requerimientos del embalaje.

» Manera en que se transportará.

» Requisitos legales y administrativos que marque la ley.

Confirmar el producto

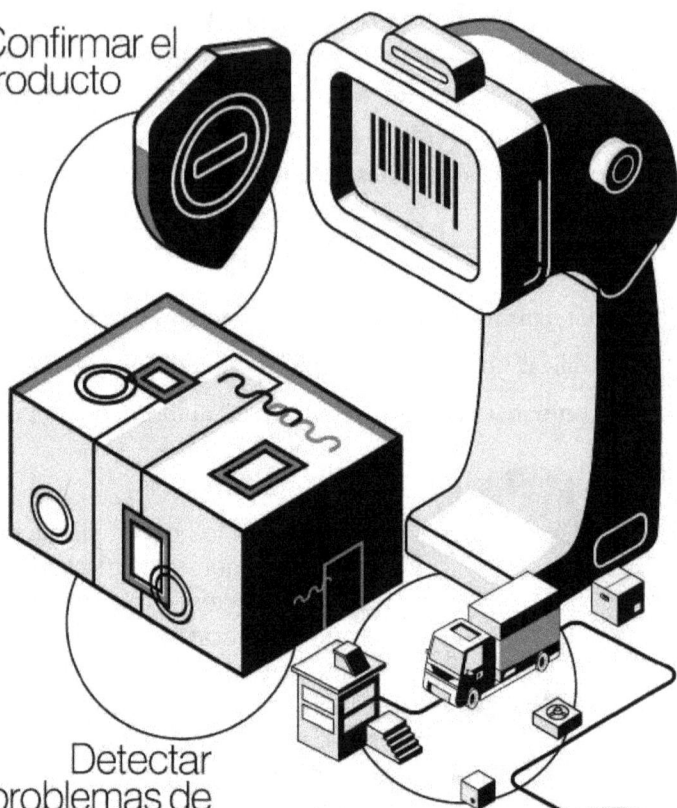

Detectar problemas de calidad

Seguimiento de las operaciones

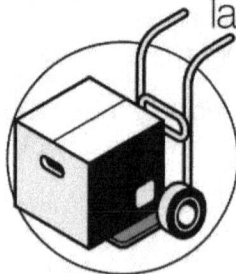

Proveedores de confianza

MITO 2:
"ES PURA COPIA"

Tradicionalmente, se ha considerado al mercado chino como un mercado imitador. No obstante, en los últimos años busca superar este paradigma apostando por la innovación, especialmente en redes sociales, tecnología y, poco a poco, en bienes de consumo.

La frase "La ciencia y la tecnología son las fuerzas productivas primarias" es hoy la consigna, y China busca promover la innovación para garantizar la continuidad de su desarrollo económico. No por nada el sistema educativo de China fue considerado, en 2019, como "el mejor del mundo" por las exigentes pruebas PISA, siglas en inglés del Programa para la Evaluación Internacional de los Alumnos.

Prueba de su preocupación por innovar es la revolucionaria clonación a partir de células somáticas, la creación del primer satélite cuántico del mundo, así como los computadores con mayor capacidad de procesamiento del planeta: Sunway TaihuLight y Tianhe-2. ¡Asombran los avances chinos en el campo de la inteligencia artificial!

El país busca superar la etapa de "fábrica del mundo" o del "Hecho en China", al paradigma "Creado en China", donde la innovación juega un papel determinante.

MITO 3:
"IMPORTAR ES PARA MILLONARIOS"

Entre los principales mitos de importar, ya sea desde China u otro país del mundo, es que se necesita un gran capital para comenzar ¡Nada más falso! En la actualidad China es el mercado en línea más grande del mundo, brindando las facilidades para promover la comercialización de sus productos a través de esta vía para toda persona que cuente con un mínimo de capital.

Cuánto invertir es una pregunta muy común de los nuevos emprendedores al pensar en China, pero no hay un monto exacto pues la respuesta obedece al plan de negocio trazado para cada emprendimiento, así como el perfil de la empresa. Además, los proveedores chinos cada vez ofrecen cantidades mínimas más pequeñas y asequibles para pequeñas y medianas empresas.

Diariamente se importan toneladas de productos chinos que generan jugosos dividendos tanto para grandes empresarios, como para emprendedores que apenas se inician en el negocio y cuentan con un capital limitado.

En casi todos los países de Latinoamérica cualquier persona tiene permitido comprar hasta 1000 dólares en productos en otros países sin necesidad de contar con una licencia de importador. En caso de que quieras comprar productos con un valor de más de 1000 dólares, vas a necesitar una licencia de importador y en algunos casos deberás contratar los servicios de un agente aduanal. Puedes realizar pequeñas importaciones de manera legal sin tener problemas aduanales.

Contar con una pequeña tienda física o tener planeado alquilar un local son pasos adelantados para arrancar; pero si no disfrutas del presupuesto necesario aún, está la posibilidad de abrir una tienda online, incluso una página de Facebook y hasta un catálogo de productos por WhatsApp. Por los momentos, solo tres elementos básicos se necesitan para dar los primeros pasos:

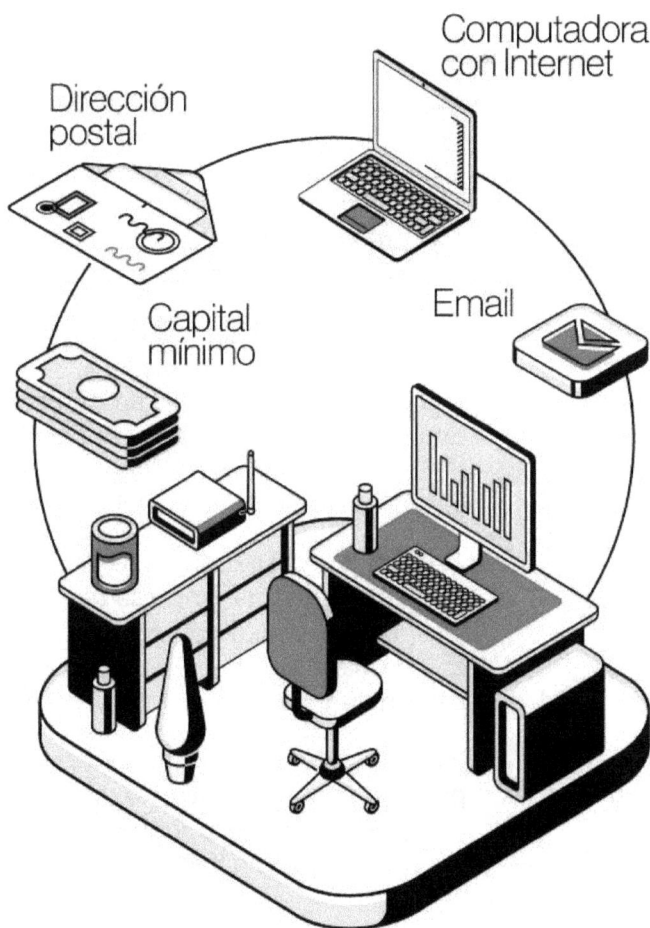

Computadora con Internet

Dirección postal

Capital mínimo

Email

» Computadora con acceso a Internet.

» Una dirección de email válida.

» Dirección postal de tu casa o de tu oficina o almacén para recibir la mercancía. Ten en cuenta que un apartado postal no es válido para que te envíen los productos.

» Capital mínimo. Los precios de los productos chinos son muy asequibles, aunque mientras más unidades compres, más rentable será la operación gracias a los beneficios que ofrece la compra/venta al por mayor.

¿EMPRESA O PERSONA NATURAL?

Si eres una empresa, las compras en China te resultarán mucho más sencillas al estar registrado legalmente, con tu respectivo registro de aduana. Sin embargo, si eres una persona natural y no tienes empresa registrada, las alternativas a la mano son:

» Realizar compras que no ameriten una gran inversión, con el propósito de testear el mercado y tener una idea si tu producto tiene salida o no.

» Contactar a algún conocido propietario de una empresa registrada y explicarle tu idea de negocio. No hay problema en que una tercera persona importe los productos por ti.

» Pagar una comisión a una tercera persona para que realice la compra, aunque esto reducirá tus márgenes de ganancias.

Así cuentes con un presupuesto limitado, en China abundan las posibilidades para iniciar tu negocio ahorrando en envío y con compras que se vayan incrementando a medida que el emprendimiento empieza a prosperar. Algunas posibilidades que ahondaremos más adelante son:

» Ropa: es de los rubros más solicitados al momento de importar, así como de montar tu propio comercio electrónico. Las opciones van desde ropa de dama, niños y caballeros, interior, deportiva y para el trabajo.

» Lentes de sol: representan un accesorio muy fácil de comercializar.

» Bisutería: las joyas de fantasía se venden en todas las épocas del año, y serán un éxito asegurado si cuentas con buen gusto y ofreces servicios de asesoría y contenidos de valor sobre cómo lucirlos.

» Celulares: Huawei, Xiaomi y HDC son solo algunas de las marcas más populares y con precios bastante asequibles. El campo de los accesorios de teléfonos también es muy demandado, como son los cargadores, que resultan muy económicos y fáciles de importar debido a su reducido tamaño.

MITO 4:
"YO NO HABLO CHINO"

El chino mandarín, idioma oficial de China continental y Taiwán, es el más hablado en el mundo: ¡está en boca de más de mil millones de personas! No obstante, a muchos emprendedores les atemoriza importar desde China porque piensan que, al momento de adelantar la operación, deberán comunicarse en mandarín vía llamada telefónica, mensajería instantánea, correo electrónico o videoconferencia ¡Absolutamente falso!

No obstante, tanto para los interesados en crear su propia marca o en vender producto importados de China, una empresa de agenciamiento ofrece seguimiento al ciclo de negocios para asegurar que tu negocio no se vea perjudicado por desconocimiento de cómo proceder en una u otra etapa del proceso. Así, la compañía se responsabiliza de:

» Búsqueda y certificación del proveedor.

» Comprobación de la calidad de los productos fabricados anteriormente.

» Precios.

» Materiales.

» Especificaciones técnicas.

» Coordinación de logística.

» Gestión de compra.

» Monitoreos de producción.

» Pago a proveedores.

» Seguimiento de la orden inspección.

Eligiendo esta opción se gana en seguridad y tranquilidad gracias a los servicios de inspección, con lo que solo tendrías que preocuparte en recibir la carga y comercializar el producto.

MAPA PARA EMPRENDER

Domina las herramientas y pasos necesarios para asegurar el éxito de tu emprendimiento.

Sería irresponsable de mi parte sugerirte incursionar en la venta de productos importados, si antes no manejas las herramientas básicas para iniciar exitosamente un emprendimiento en esta o cualquiera otra área de negocios.

Hoy abundan los cursos en línea, videos, libros, ebooks y todo tipo de material para comenzar con buen pie tu negocio, por lo que en el presente capítulo me limito a repasar aquellos lineamientos que sí o sí debes seguir o, en caso contrario y por muy buenas intenciones que tengas, estarías dando pasos en falso. Si deseas emprender y no sabes cómo, te sugiero seguir el siguiente Mapa para Emprender:

1. MEZCLA TUS HABILIDADES Y TU PASIÓN

Como mi experiencia personal lo demuestra, en el camino te encontrarás con muchos obstáculos que conspirarán en tu contra. Abrazar tu pasión será una garantía para no renunciar ante esos impedimentos, por muy duros que sean, gracias una sencilla razón: ¡nadie nunca renuncia a su pasión!

Si te apasiona la cosmética o la decoración, por poner un par de ejemplos, no dudes en tomar ese camino. Además de obtener jugosos beneficios por tu actividad comercial, te divertirás durante el proceso. Por el contrario, si te decides por un área que no dominas o no te gusta, quizá los artículos de mecánica automotriz o accesorios de belleza, será mucho más empinada la curva de aprendizaje, te aburrirás a mares, y lo más probable es que desistas ante los primeros problemas porque, sencillamente, eso no es lo tuyo.

Si crees que la actividad que te gusta no va de la mano con tu negocio, ¡con que te guste el dinero es suficiente para comenzar!

También quizá debas poner a un lado tus actividades profesionales o laborales acostumbradas pero que no funcionan dentro del contexto de la importación. En todo caso, reconéctate con tus hobbies y gustos, ya sea deporte, cocina o ropa; y combina un área que te entusiasme con aquellos aspectos de tu quehacer que se te dan muy bien: la mezcla de ambos elementos es fundamental para no tirar la toalla ante los inconvenientes con que te cruces en tu emprendimiento.

5 Promociónate

4 Busca proveedores confiables

3 Crea un plan de negocio

2 Haz un estudio de mercado

1 Mezcla tus habilidades y tu pasión

TRABAJA SIEMPRE EN TU OBJETIVO

No pienses en las metas de tu vida como una maratón, sino como carreras de 100 metros que debes recorrer cada día. Así que mi sugerencia es definir un objetivo a largo plazo y trabajar en él al menos un par de horas cada día. Recuerda que los objetivos más grandes y que requieren mayor trabajo en tu vida se inician con el primer paso. Cosa que nos enseña precisamente el filósofo chino Lao-Tse con su máxima "Un camino de mil pasos comienza en un solo paso".

Alinéate con tus prioridades
Establece prioridades y metas, ve por cada una de ellas individualmente y soluciona primero la más importante. Si no hay un control y monitoreo de tu crecimiento y efectividad de tus actividades diarias, lo más probable es que siempre te quedes como estás. Evaluar y registrar tus progresos es clave para continuar mejorando cada día.

2. HAZ UN ESTUDIO DE MERCADO

Muchos emprendedores no dan con la idea de su negocio porque no han desarrollado un estudio de mercado para identificar aquella necesidad que puedan resolver mediante su producto o servicio. No tiene que tratarse de un estudio que lleve años desarrollar o que implique a especialistas de mercadeo: estar atento a lo que la gente necesita, revisar tus propias necesidades y las de las personas cercanas y observar a la competencia son los primeros pasos para encontrar el producto que satisfaga un requerimiento del mercado.

Recuerda siempre resolver una necesidad mediante tu producto. Como apuntó Brian Tracy, empresario, orador motivacional, escritor de ventas y quien ha escrito más de setenta libros que se han traducido a más de una docena de idiomas: "Acércate a cada cliente con la idea de ayudarlo, resolverle su problema o lograr su meta y no para venderle un producto o servicio". Todo buen estudio de mercado debe responder las siguientes cuestiones:

"No encuentres clientes para tu producto. Encuentra productos para tus clientes", Seth Godin, empresario estadounidense y uno de los teóricos del marketing más importantes de este siglo.

» Problema: ¿qué problema tiene ese mercado?

» Solución: ¿cuál puede ser la solución a ese problema que yo pueda ofrecer?

» Propuesta de valor: ¿qué plus puedo dar para imponerme por sobre la competencia?

» Ventaja competitiva: ¿qué me diferencia?

» Segmento de mercado: ¿a quién ofrecer la solución?, ¿cuáles las características de compra del cliente?

» Mercadeo: ¿cómo obtener la atención de mis clientes potenciales?

Este estudio debe arrojar el mercado al cual destinarás tu producto, así como la cantidad de pedido y necesidad de reposición, y cómo comunicarte con ese mercado al momento de la promoción

¿EN QUÉ ETAPA ESTÁS?

De acuerdo a la fase de madurez en que se encuentre tu emprendimiento, deberás tomar unas u otras acciones determinadas. Aunque quienes empiezan se ubican en las dos primeras etapas, ten en consideración los pasos siguientes que debes considerar para escalar tu negocio:

1. Idea

Tu prioridad debe ser validar tu idea para asegurarte de que existe una demanda real en el mercado y que hay personas dispuestas a pagar por ello.

2. Arranque o inicio

La prioridad en esta fase son marketing, ventas y mejora de tu producto. Es decir, crear, vender y aumentar clientes.

3. Consolidación

Este es el momento de invertir en herramientas que te permitan ahorrar tiempo en las tareas que se repiten de forma recurrente y documentar cada área del negocio para cuando formes equipo y quieras delegar.

4. Desarrollo: escalar tu producto es posible a partir del aumento de los ingresos.

5. Liderazgo: una vez desarrollado el negocio, la próxima

faceta es posicionarte entre los primeros de tu categoría. ¡No te conformes solo con estar! Como dijo Benjamin Hooks, luchador por los derechos civiles: "Si crees que estás liderando y te volteas y no hay nadie siguiéndote, entonces solo saliste a caminar".

1
Idea

2
Inicio

3
Consolidación

4
Desarrollo

5
Liderazgo

3. CREA UN **PLAN DE NEGOCIO**

Que no te asuste el término: un plan de negocios no es más que una hoja de ruta que describe lo más detalladamente posible lo que quieres emprender, cómo operarás el negocio, los costos que acarreará, así como qué rumbo tomar para obtener los resultados esperados. Hagamos nuestras las palabras de Abraham Lincoln, decimosexto presidente de los Estados Unidos: "Dame seis horas para talar un árbol y pasaré las primera cuatro horas afilando el hacha".

¡No te olvides de los números! Un plan de negocio debe incluir el estudio de costos y ganancias que dé indicios de que el negocio puede resultar rentable. Un estudio financiero, por muy sencillo que sea, debe responder las siguientes preguntas:

» Fuente de ingresos.

» Posibles socios o financistas.

» Canales: ¿cómo voy a entregar el producto o servicio?

» Estudio de costos y recursos clave para comenzar y desarrollar el negocio.

» Cuánto va a costarme cada unidad ya con todos los gastos de importación e impuestos incluidos

» En cuánto voy a venderla y mi margen de ganancia.

» Estrategias promocionales para aumentar las ventas.

Un modelo de plan de negocio que siempre recomiendo es el Canvas, con el cual podrás visualizar, en un lienzo dividido, los principales elementos que impactan el negocio. Este modelo es ampliamente utilizado para pasar de la etapa de la idea a las de ejecución y desarrollo. Para hacerlo, toma en cuenta los siguientes aspectos:

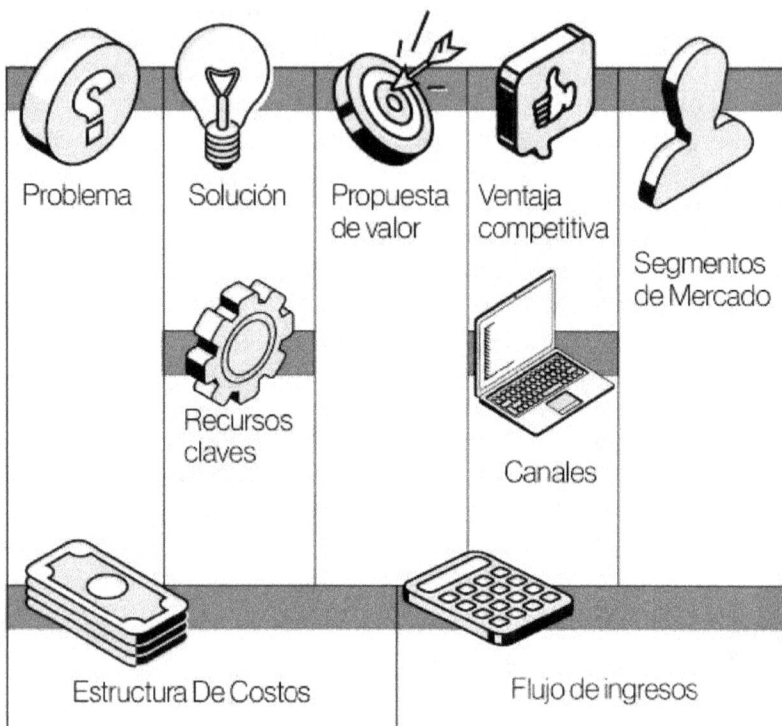

Problema	Solución	Propuesta de valor	Ventaja competitiva	
Recursos claves		Canales		Segmentos de Mercado
Estructura De Costos		Flujo de ingresos		

4. BUSCA **PROVEEDORES CONFIABLES**

Contar con proveedores confiables y que ofrezcan productos de calidad ¡es determinante! para el éxito de tu emprendimiento a partir de la importación de productos chinos. Tan importante es este tema, que páginas más adelante le dedico un capítulo entero a desarrollarlo.

APRENDE DEL EMPRENDEDOR CHINO

Según el Plan de Acción sobre Emprendimiento 2020 de la Comisión Europea, la iniciativa emprendedora en China es del 56 %, mientras que en Estados Unidos es del 51 %, y en Europa ronda el 37 %. Podemos aprender excelentes lecciones de esta admirable cultura emprendedora, que se caracteriza por:

» Empezar cuanto antes.

» Elegir un buen local o plataforma comercial.

» Valorar la competencia.

» No tener más de un negocio.

» No apegarse a los negocios si no funcionan.

» Dar al cliente lo que necesita.

» Trabajo duro.

» Ahorro estricto.

5. PROMOCIÓNATE

Como licenciado en marketing confirmo una gran verdad: lo que no se muestra no se vende. Años antes quien deseaba promocionar su producto debía recurrir a una agencia de publicidad o tratar directamente con periódicos, radio o televisión; pero gracias a las redes sociales estas estrategias quedan cada vez más en el pasado, y algunas alternativas muy efectivas son hasta gratuitas.

En las últimas páginas te ayudaré a desarrollar este punto porque, según reza sabiamente el dicho popular, lo que no se ve, no se vende.

ELIGE TU MODELO
DE NEGOCIO

Muchas son las
posibilidades para
emprender importando
desde China.

lgún experto dijo una vez que existen tantos tipos de negocio como negocios hay en el planeta: cada uno de ellos no es exactamente idéntico a otro, aunque existen ciertas características que los hermanan y llevan a formar parte del mismo grupo. Acá me concentraré en esos emprendimientos enfocados a partir de la importación de productos.

Sin más vueltas, el modelo básico de un emprendimiento levantado sobre la base de productos importados responde a una lógica que la humanidad ha venido practicando desde los inicios de las relaciones comerciales: compras un bien a determinado precio y luego lo vendes por un precio mayor para obtener beneficios:

Compra barato **+** Vende más caro **=** Dividendos

En el pasado, quien deseaba vender productos importados debía someterse al juego de los intermediarios, es decir, comprar los artículos al mayoreo a un importador que se quedaba con parte de las ganancias. Me explico: una fábrica china vendía un par de zapatos en $10 al intermediario, que a su vez los revendía al minorista o mayorista a $15. Este último lo vendía a $20 al consumidor o cliente, con lo que sus ganancias se reducían a apenas $5.

Gracias a las muchas plataformas de venta directa que existen en internet, los intermediarios cada vez son menos necesarios y hoy los minoristas recurren directamente a los productores orientales para poner en marcha su emprendimiento. De las muchas opciones posibles, te explico en las siguientes líneas los principales modelos de negocio a explorar en este campo:

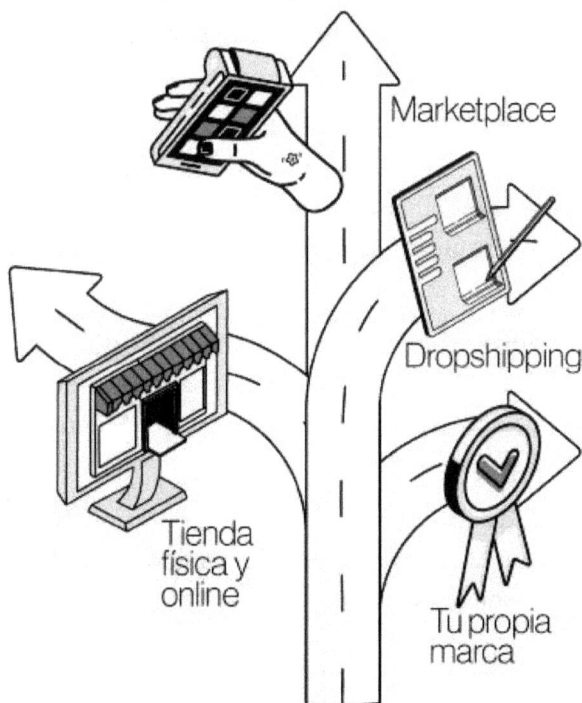

Marketplace

Dropshipping

Tienda física y online

Tu propia marca

» Tienda física y online.

» Marketplace.

» Dropshipping.

» Crea tu propia marca.

TIENDA FÍSICA ¡Y ONLINE!

Las ventas de los productos importados son el corazón de este negocio, por lo que contar con un espacio, ya sea físico u online, es imprescindible para echar a andar el proceso. Para el primer caso, las tiendas físicas, el mercado chino ofrece opciones casi infinitas de productos, con precios bastante asequibles y facilidades de envío y transporte, que aseguren un permanente stock de la mercancía que comercialices.

No es necesario contar con una tienda física, pero absolutamente SIEMPRE debes contar con una web para promocionar y cerrar ventas, así como expandir tu mercado más allá de las limitaciones geográficas. De no ser así, estarías desaprovechando la herramienta del momento que ha llevado a muchos empresarios a la cima del éxito.

Según estadísticas publicadas en websitehostingrating.com, se espera que a finales del año 2020 las ventas de comercio electrónico alcancen los $ 3.45 billones. ¡Móntate en esta avasallante ola comercial!

Algunos indicadores que apunta el sitio sleeknote.com y debes tener en cuenta al momento de incursionar en el comercio electrónico, son los siguientes:

» Si el cliente potencial conoce la marca gracias a una experiencia anterior con la tienda física, el tiempo en el ciclo de compra se reduce notablemente.

» Los principales factores que influyen en la compra electrónica son el precio, los gastos de envío, el tiempo de entrega y las ofertas especiales. Otro factor importante es la política de devolución.

» Son muy valoradas las imágenes de alta calidad, descripciones detalladas, reseñas de otros usuarios y la posibilidad de comparar productos.

> Este estudio debe arrojar el mercado al cual destinarás tu producto, así como la cantidad de pedido y necesidad de reposición, y cómo comunicarte con ese mercado al momento de la promoción

» Las compras impulsivas se observan sobre todo entre los compradores más jóvenes, de entre 18 y 24 años de edad.

» Una atención personalizada e instantánea en línea ayuda a cerrar el proceso de venta.

» Las principales razones para abandonar el proceso de compra son la velocidad de carga y la experiencia de navegación.

» El diseño debe estar optimizado para todos los dispositivos electrónicos.

No necesitas saber de programación ni ser un virtuoso del diseño web para montar tu tienda online: abundan las herramientas con las que ¡en minutos! ya puedes contar con tu boutique en línea y empezar a generar dividendos. Las siguientes alternativas cubren desde los primeros pasos, como reservar un nombre de dominio y contratar un hosting para alojar la página, hasta montar tu vitrina de productos y las pasarelas de pago al momento de cobrar:

Shopify

Es una empresa de origen canadiense fundada en 2006, y que desde entonces ha crecido hasta sumar hoy más de 600 000 negocios en línea y alrededor de un millón de usuarios activos. Es una plataforma bastante intuitiva que te ayudará en el proceso de gestionar y hacer crecer tu negocio, así como herramientas gratuitas y consejos para principiantes.

Magento

Esta plataforma está destinada para los negocios digitales de diferentes tamaños y categorías, con la cual podrás lanzar tu sitio web en menos de una hora.

Opencart

Es un software de gestión de tiendas en línea que brinda soporte para diferentes idiomas y monedas.

Jumpseller

Ideal para crear tu tienda online desde los primeros pasos como búsqueda del dominio, hasta atractivas plantillas para mostrar los productos, más el flujo financiero para cobrar.

PrestaShop

Con este gestor de contenidos libre y de código abierto podrás crear tu tienda digital sin saber nada de programación.

Fortalece tu marca digital con un blog. Publica artículos y videos para tu audiencia, promociones y cupos de descuentos promovidos con una activa presencia en redes sociales.

MONTA UNA WEB ATRACTIVA

Para impulsar las conversiones en tu web toma en cuenta los siguientes consejos:

» Elige un diseño amigable e intuitivo. Crea también un buscador para que el visitante encuentre lo que desee sin perderse en el proceso.

» Bien enfocado en tu nicho o clientela.

» Crea textos claros y que describan las ventajas que ofrecen tus productos, siempre de manera directa.

» Carrito de compra y botones de pago bien identificados.

» Facilita el envío.

» Haz posventa y comunícate para comprobar si tu cliente está satisfecho con la compra.

LA OLA DEL **MARKETPLACE**

Seguro ya los conoces y hasta eres un cliente habitual de estos grandes almacenes en línea: los marketplaces son sitios de comercio electrónico donde se reúnen vendedores y compradores para ofrecer y adquirir productos y servicios. La dinámica es bastante sencilla: te registras tras cumplir sus criterios y las conviertes en la vitrina de tus productos a cambio de una comisión o porcentaje que cobra la plataforma.

El comercio electrónico llegó para dominar, tanto que convirtió a Amazon y Alibaba en líderes del planeta en este rubro. Aunque deberás competir fuertemente para diferenciar tu producto o servicio, vale la pena por su confiabilidad y abundante tráfico de usuarios. Veamos algunas opciones:

AMAZON

De acuerdo al gabinete especializado Internet Retailer, Amazon domina las ventas en línea en Estados Unidos, con una porcentaje del 38 % de este mercado, lo que vendría a significar casi la mitad del comercio por internet solo en Estados Unidos. Como vendedor activo, las empresas y personas pueden añadir sus productos, vender a los consumidores, facilitar las transacciones y entregas así como el servicio al cliente dentro de una misma interfaz.

Es una excelente opción siempre y cuando en tu plan de negocios hayas definido un buen margen de ganancia, a la vez que tu producto sea único y resalte dentro de la competencia descomunal existente dentro de esta plataforma.

La comisión que cobra Amazon por cada venta de tu producto varía según la categoría en que se inserte, yendo del 7 % hasta alcanzar el 45 % en algunos casos, como los accesorios para Kindle. En todo caso, te sugiero que profundices

Mi consejo es arrancar con productos que cuesten poco y que tengan una alta demanda en tu localidad o país. Muchos de los productos que importes pueden generar entre el 50 % y el 75% de dividendos si encuentras a los compradores correctos a los que vender.

en el proceso de venta en esta plataforma, para lo que existe en internet material más que suficiente. Si te convence esta posibilidad, entre los requisitos que necesitas para ser vendedor Amazon están :

» Ser mayor de edad.

» Tener residencia en alguno de los 102 países aceptados.

» Tener una línea telefónica en ese país.

» Ser titular de una cuenta bancaria que reciba pagos vía internet en cualquiera de los países aceptados.

Si cumples con estas exigencias, los pasos para montar tu espacio de venta online en esta marketplace son los siguientes:

1. Crea una cuenta y regístrate en Seller Central.

2. Crea tu primera lista de productos.

3. Sube buenas fotos de tus productos.

4. Pon un precio competitivo a tus productos.

5. Envía los productos tú mismo o haz que se encargue Amazon.

6. Recibe tus ingresos.

Crea una cuenta y regístrate en Seller Central

Sube buenas fotos de tus productos

Envía los productos o haz que se encargue Amazon

1 **3** **5**

2 **4** **6**

Crea tu primer listado de productos

Pon un precio competitivo a tus productos

Recibe tus ingresos

MERCADO LIBRE

Esta marketplace argentina es la indiscutible líder en Latinoamérica. El registro y las operaciones de compra venta son bastante amigables, por lo que ya ha alcanzado los 144 millones de usuarios registrados. Tanto en esta como en plataformas similares, el principal activo con el que cuentas es tu reputación, es decir, el número de estrellas y los comentarios que otros usuarios publiquen luego de una experiencia comercial contigo.

Por excelente que sea tu producto, si fallas en el envío, por ejemplo, tu reputación se irá al subsuelo; así que te recomiendo ser muy responsable y responder rápidamente, JAMÁS mentir sobre las características del producto, realizar el envío lo más rápido posible y en los términos acordados, calificar siempre al comprador y, a su vez, pedir una calificación que haga crecer tu reputación favorablemente.

Entre otras recomendaciones que sugiero al momento de emprender en esta plataforma (y otras parecidas), están:

» Existen varias opciones de publicación de acuerdo al nivel de exposición del anuncio. La opción gratuita da una baja visibilidad, mientras las pagadas brindan la aparición entre los primeros resultados de búsqueda. Saca cuentas y decide cuál opción te conviene de acuerdo a tu presupuesto.

» En la descripción pide que te hagan preguntas, y respóndelas lo antes posible. Para ello, descarga en el teléfono la app de la plataforma, la cual te avisará en cuanto te llegue un mensaje, y así responderlo a la brevedad.

» Asegúrate de publicar en la categoría correcta, aunque poner el anuncio en más de una categoría o subirlo más de una vez con un título diferente puede también dar estupendos resultados.

EBAY Y ETSY

Fundada un año después de Amazon, es una de las más grandes y confiables marketplaces al facilitar las transacciones normales de compra-venta electrónica, así como un sistema de subastas. Una de las principales ventajas de vender en eBay es que la plataforma revela la dirección de correo electrónico del comprador, muy útil al momento de revender, promover y fidelizar clientes.

Especializada en artesanos, en Etsy podrás conectarte con 33 millones de coleccionistas y clientes deseosos de artículos únicos. Puedes publicar tu primer producto por solo 0,20 dólares y ellos te ofrecen la logística de cobro al cliente y el pago final tras el respectivo pago de la comisión.

MONTA UNA WEB ATRACTIVA

Publica desde la verdad

Independientemente de la plataforma que elijas, ninguna de ellas ofrece al cliente la posibilidad del contacto físico para conocer los productos, de allí la importancia de publicar fotos, descripciones y fichas técnicas del producto que convenzan sobre la calidad del mismo. Toma en cuenta las siguientes consideraciones:

» Elegir bien la categoría correcta para el producto

» Citar siempre la marca, el modelo, el estado, la condición de nuevo o usado, el tamaño exacto, material y otras características de interés para el comprador.

» Publica fotografías con fondo blanco y que reflejen exactamente el modelo en venta, nada de modelos parecidos pues estarías engañando al consumir.

SIN APUROS CON **DROPSHIPPING**

El dropshipping consiste en vender a través de tu página web o tienda digital sin tener ningún inventario o stock. Entre sus principales ventajas sobresalen la mínima inversión y poder estar en funcionamiento en pocos días. La mecánica es la siguiente:

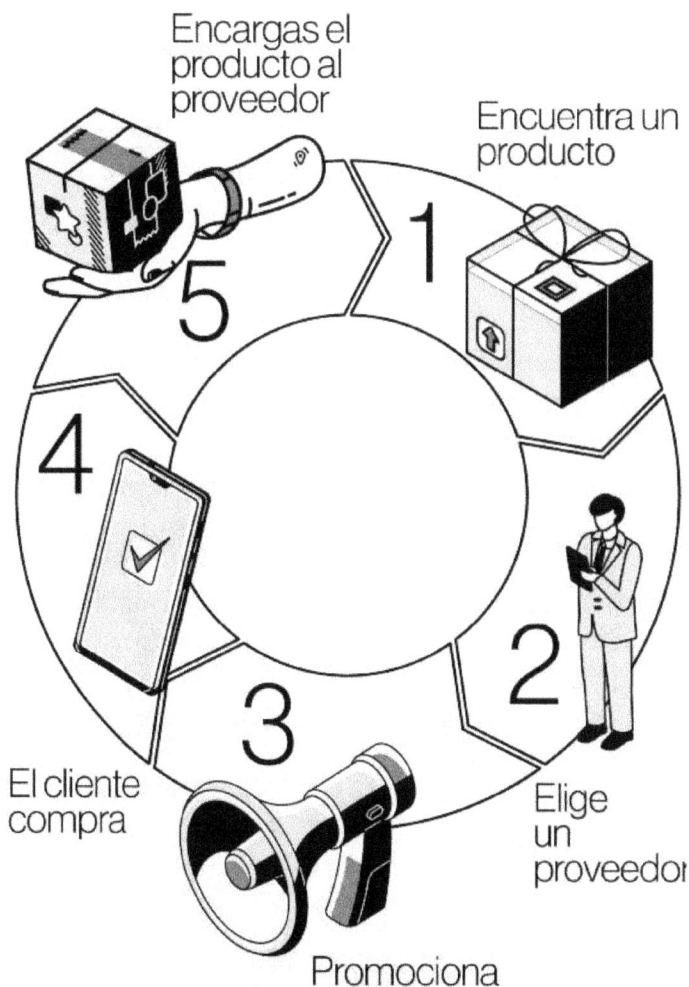

Encargas el producto al proveedor

Encuentra un producto

El cliente compra

Promociona

Elige un proveedor

1. Encuentras un producto.

2. Elige un proveedor que trabaje bajo esta modalidad.

3. Promociona y publicita el producto en tu página web y redes sociales.

4. El comprador compra a través del enlace en tu web.

5. Una vez que el comprador ha pagado, encargas el producto al proveedor, quien lo envía directamente al cliente.

Tú devengas la diferencia entre el precio que pagó tu cliente y lo que costó adquirirlo al proveedor; de esta manera no asumes mayores riesgos y te ahorras pasos como el envío o mercancía en depósito. La ventaja es que no tienes que comprar un producto a menos que ya lo hayas vendido, y recibido el pago del cliente. Gracias al boom de tiendas online que se ha producido en China, hay miles de dropshipping chinos usando esta técnica. No obstante, esta opción ofrece varias desventajas, tales como:

> Bajos nárgenes de rentabilidad.

> Lapsos de envío y recepción de mercancía bastante prolongados.

> En muchos casos los gastos de devolución corren por tu cuenta.

Puedes manejar este negocio desde cualquier lugar del mundo donde haya conexión a Internet, de modo de comunicarte con los proveedores y los clientes.

» Así el fabricante haya fallado, deberás ser tú quien dé la cara ante los clientes insatisfechos.

AL MOMENTO DE COMENZAR

El arranque es quizá una de las etapas más duras al momento de emprender, así que toma nota de las siguientes recomendaciones a considerar hasta que tu negocio empiece a rendir frutos:

» El apremio por las cuentas por pagar puede hacerte desistir de tus sueños de independizarte y montar negocio propio, así que al momento de comenzar obtén ingresos de una actividad paralela hasta que tu emprendimiento empiece a generar beneficios.

» Asígnate un salario y nunca gastes más de lo que ganas.

» Reinvierte un porcentaje importante de las ganancias, es decir, "no te comas el negocio" para pagar las cuentas del día a día.

» Huye de los financiamientos en pequeñas cuotas e intereses altos.

» La tarjeta de crédito es la mejor aliada de los emprendedores que comienzan, pero ¡cuida tu reputación bancaria como la vida misma!

CREA TU **MARCA**

Se trata de diseñar tu propio producto y encargar la producción a fabricantes chinos. Fabricar en suelo chino bajo las directrices de tu empresa es una gran ventaja, ya que es más barato producir allí y podrías ponerle tu sello al producto final, para comercializarlo bajo ese nombre. Entre los beneficios de esta alternativa están:

TÚ MARCAS EL PRECIO

Si tu producto aporta valor y se diferencia de los existentes en el mercado, puedes definir el precio y alcanzar altos márgenes de ganancias. Para esto, elige productos cuyo precio sea difícil de adivinar o que varíe entre las diferentes marcas del mercado, como son los cosméticos y los electrodomésticos.

MÁRGENES ALTOS

Cumplidas las exigencias del punto anterior, obtendrás jugosos márgenes de ganancias que en ocasiones superan el 100 %.

EXCLUSIVIDAD

Con creatividad e innovación, reduces las comparaciones con artículos similares porque tu producto es único.

Las grandes compañías de extraordinaria reputación que fabrican en China siguen un paradigma que debe ser reproducido por los pequeños empresarios que contratan los servicios de fabricación en China: la calidad no está dada por el país donde se fabrica el producto, sino por la marca que da la cara por ella y crea el diseño, elige las materias primas y supervisa el proceso de fabricación.

Toma en cuenta que es una opción que demanda una importante inversión en creación del producto, patentes, especificaciones técnicas para el fabricante, elaboración de prototipos, entre otros factores cuya profundización sobrepasaría las aspiraciones de este libro. Aunque se trata de un proceso relativamente complejo, te comento a grandes rasgos los pasos a seguir al momento de lanzar un producto de tu propia creación, o con agregados que lo diferencien de los ya existentes:

1. RESUELVE UNA NECESIDAD

En una época en la que para todo hay miles de soluciones, vas a necesitar encontrar una necesidad que aún no ofrezca un proveedor líder. Analiza el mercado y pregúntate dónde puedes marcar la diferencia y lanzar un producto único basado en las necesidades del cliente.

Aunque el estudio de mercado es el camino tradicional al momento de pensar en un nuevo producto, hay ejemplos de importantes innovadores que pasaron por alto esta fase y revolucionaron el mundo: durante la rueda de prensa del lanzamiento del Macintosh, un periodista de Popular Science le preguntó a Steve Jobs qué investigación de mercado lo condujo a la creación de ese maravilloso producto, a lo que Jobs respondió: "Ninguna, ¿acaso Alexander Graham Bell realizó alguna antes de inventar el teléfono?". Otro genio de los negocios, Henry Ford, pensaba en forma parecida cuando afirmaba que "Si yo les pregunto a los clientes qué es lo que quieren, me responderían 'un caballo más veloz'".

1 Resuelve una necesidad

2 Prueba el concepto

3 Plan de negocio

4 Desarrollo y prototipo

5 Lanzamiento y comercialización

Como en todo negocio, tenemos que tener en cuenta el costo del producto, proyectar la utilidad que obtendrías, determinar el flujo de caja y la proyección de pagos. Este pequeño plan te ayudará a no resbalar en tu nuevo emprendimiento.

2. PRUEBA EL CONCEPTO

Reúne a un pequeño grupo de clientes potenciales, ya sea de amigos, conocidos o prospectos, pregúntales directamente sobre el producto. Anota sus reacciones y profundiza en la información necesaria para pulir la idea inicial. Eso sí: céntrate en el público que directamente es el consumidor potencial de tu producto; y no preguntes a una tía o a un amigo de mucha confianza, que seguramente halagará tu idea pero no aportará en su refinamiento y desarrollo pues no es el cliente de ese producto.

3. PLAN DE NEGOCIO

Incluye acá las variables tanto negativas como positivas que podrían impactar en tu negocio, así como las acciones a tomar en cada caso. Este plan no solo debe contener la rentabilidad, potencial de mercado, tiempo de elaboración y recepción, sino también una estrategia de marketing, el posicionamiento del producto, canales de venta, financiamiento, costos, competencia, y proveedores confiables.

4. DESARROLLO Y PROTOTIPO

Este es el momento de crear un modelo de producción limitada, lo que significa materializar el concepto con algo concreto para pruebas sobre apariencia, sensación y el embalaje.

En este punto, toma nota del siguiente paso, decisivo para el éxito de tu iniciativa: si buscas fabricar un producto con un proveedor chino, define detalladamente las indicaciones sobre características, formas, peso y demás especificaciones para su elaboración.

Con una ficha de producto completa y detallada, el proveedor que elijas podrá responder si está en capacidad de solventar tu solicitud, y cotizar un precio exacto para lo que quieres y no para un producto parecido pero no el mismo. Debo aclararte que para fabricar productos personalizados, los proveedores exigen una cantidad de pedido específica o más alta a los productos convencionales, con el fin de adquirir las piezas o componentes necesarios para cumplir con el pedido especial.

TRABAJA SIEMPRE EN TU OBJETIVO

Sabemos que siempre estamos sujetos a cambios, sin embargo, planificar y organizar tu día te ayudará a que al siguiente día, nada más abrir los ojos, sepas qué es lo que harás y cómo, eso te librará de perder el tiempo pensando y posponer tus pendientes.

5. LANZAMIENTO Y COMERCIALIZACIÓN

En esta etapa introducirás el producto prototipo al mercado siguiendo el plan de marketing propuesto, con el fin de validar el concepto y conocer cómo reacciona el cliente ante él. Acá es vital el proceso de promoción a través de las redes sociales, aspecto en el que profundizaré en el último capítulo de este libro.

HÁBITOS PARA EL ÉXITO

Crea una rutina
Inicia tu día con una jornada planificada que te permita organizarte, realizar las cosas que tienes planeadas para el día y ocuparte de lo que necesitas. Sin planificación el día se te irá, recuerda que todos tenemos las mismas 24 horas diariamente, es cuestión de organizarte y aprovechar al máximo.

Empieza con la tarea más difícil del día
Cuando estás más fresco al comienzo del día debes arrancar con la tarea más frustrante, la que más te agota o la más indecisa de las que tienes.

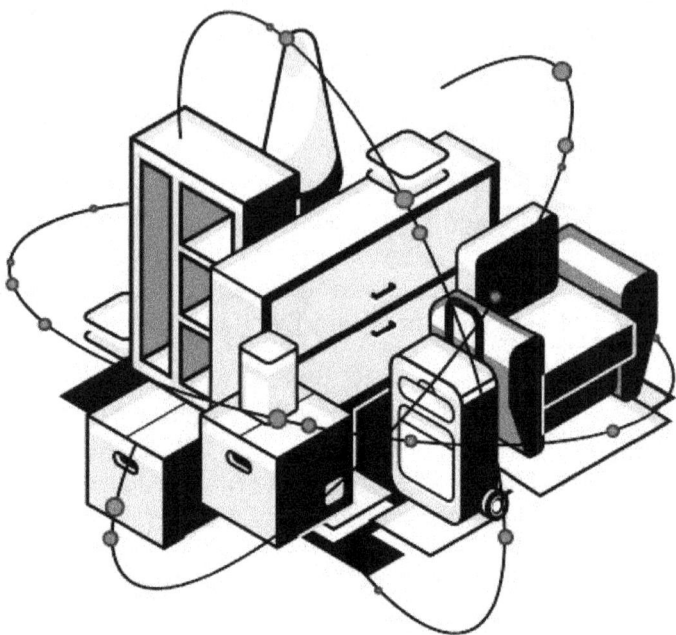

¿QUE PRODUCTO IMPORTAR?

El primer desafío
es saber elegir el
producto acorde a tus
expectativas de negocio.

¿ Repuestos de automóviles, podadoras, bicicletas? ¿Pelucas, accesorios de belleza, monitores de ordenadores? ¡De seguro los proveedores chinos tendrán justamente lo que estás buscando y con las especificaciones exactas! Pero ante tanta variedad de artículos, la pregunta es cuál elegir para iniciar tu emprendimiento.

Numerosas investigaciones demuestran que cuando hay muchas opciones a considerar, por lo general la persona sufre una especie de bloqueo o interferencia que dificulta tomar una decisión. Para superar este bloqueo, y como punto de partida, toma en cuenta que un buen producto para importar debe cumplir con los siguientes atributos:

» Que cubra una necesidad.

» De calidad.

» Precio asequible, es decir, que a la hora de revender puedas lograr un buen margen de ganancia. No obstante, vuelvo al punto de cubrir una necesidad: aunque ofrezcas un producto a un muy buen precio, si tus clientes no lo necesitan, no lo comprarán.

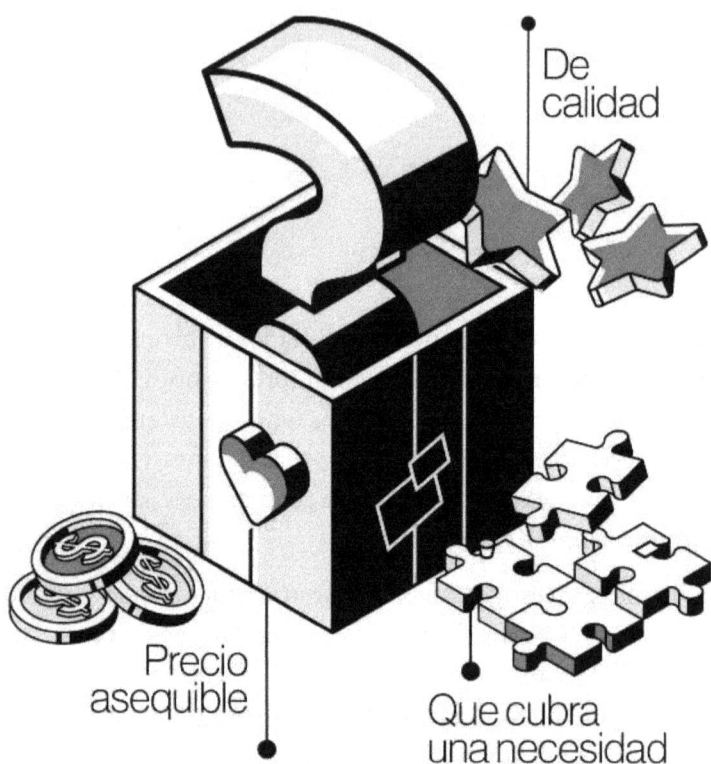

De calidad

Precio asequible

Que cubra una necesidad

ELIGE EL **PRODUCTO IDEAL**

¿Por dónde comenzar en este proceso de elección? Si has llegado hasta esta página es porque ya adelantaste un buen trecho del camino, pero el recorrido continúa con el seguimiento a las siguientes acciones para elegir un producto que garantice la prosperidad financiera de tu iniciativa comercial:

BÚSQUEDA EN MARKETPLACES

La población norteamericana representa la más amplia muestra de gente que compra, por lo que averiguar los productos más vendidos en Amazon es estupendo para formarnos una idea de cuál producto vender.

1. Tras ingresar a Amazon con tu cuenta, escribe "www.amazon.com/gp/bestsellers" en la barra de direcciones y presiona la tecla "Enter".

2. Haz clic en las pestañas en la parte superior de la pantalla para clasificar los productos según la categoría que desees, desde los más vendidos, los mejores productos y nuevos lanzamientos, entre otras.

3. Haz clic en la categoría de elementos que deseas ver en la barra de menú de la izquierda bajo "Todas las Categorías". Los 10 principales productos se mostrarán en la página.

4. Luego de identificar aquellos productos con más demanda en Amazon, compara precios del producto en aliexpress.com.

5. Una posterior búsqueda en Alibaba (de lo que te hablaré en el próximo capítulo) te servirá para identificar si hay o no proveedores que ofrecen el producto que deseas, y cuya relación calidad/precio sea superior a la que ofrecen los productores nacionales.

Lo ideal es elegir productos que te diferencien de la competencia, por lo que también haz un mapeo de los productos que no encuentres pero que, sin embargo, cubrirían una necesidad no satisfecha. Apunta precios y condiciones de cada tienda que encuentres.

DIFERENCIAS ENTRE AMAZON Y ALIBABA

El exvicepresidente del gigante chino, Porter Erisman, ha llegado a sostener que "Alibaba es más rentable que Amazon debido a una diferencia clave en la forma en que las dos empresas se acercan y monetizan el comercio electrónico. El enfoque de Amazon es llevar los ahorros de costos de escala de Walmart, pero en línea, es decir, buscó crear una gran minorista basada en un modelo de alto volumen y bajo costo. El enfoque de Alibaba, por el contrario, es poner en marcha el emprendimiento colectivo en línea, un modelo de negocio en red que convierte a los vendedores en empresarios".

Si estás comenzando, lo recomendable son productos pequeños, que no pesen más de 5 kilos; además de que los productos grandes y pesados tienen más restricciones de importación, la logística es más mayor así como los precios de envío, sin mencionar que necesitan autorizaciones específicas.

Por dar un ejemplo, el rubro de los juguetes resulta uno de los más rentables, aunque recomiendo empezar con aquellos destinados a un público mayor pues muchos tipos de juguetes deben cumplir con estándares de calidad y salud para los menores, como no ser tóxicos o fáciles de ingerir. Controles para computadoras, mandos de consolas, teclados, mouse gamers y consolas portátiles son opciones extraordinarias para iniciarse en el negocio de importar y vender.

PRODUCTOS PROHIBIDOS PARA IMPORTAR

Los productos o mercancía que no se importan son:

» Armas de fuego.

» Armas blancas.

» Productos químicos peligrosos sin permiso del proveedor.

» Animales vivos.

» Carros o motos, a menos que estén desarmados.

APROVECHA LOS **PICOS COMERCIALES**

Hay temporadas específicas y ciertas coyunturas del año estupendas para rentabilizar tus productos. La idea es actuar con suficiente antelación y que los productos estén en tus manos para el momento de la venta.

NAVIDAD

La época de Navidad es la mejor para vender productos de China, ya que todos destinan gran parte de su presupuesto cotidiano en la compra de regalos o productos para consentirse ellos mismos, así como en decoraciones y festejos. Teléfonos, televisores, audífonos, equipos de sonido, hasta luces decorativas y adornos navideños sobresalen para estas fechas.

Es una de las temporadas ideales para vender porque puedes ganar hasta el doble de lo que inviertes. La antelación en la importación del producto es proporcional al ahorro de costos, además que durante los meses inmediatamente anteriores a diciembre se incrementa la demanda de espacio en embarques marítimos y, en consecuencia, las tarifas por transporte. Para calcular la fecha en la que deseamos recibir los productos, sugiero plantearte al menos tres meses de antelación.

PRODUCTOS PROHIBIDOS PARA IMPORTAR

Aunque el mercado chino ofrece computadoras bastante económicas, un ramo muy rentable son las piezas de computadoras pues el negocio del ensamblaje de tarjetas gráficas, monitores, memorias RAM o procesadores, tiene mucha demanda, y es un rubro fácil de importar por el pequeño tamaño de las piezas.

HALLOWEEN

Disfraces, objetos decorativos, antifaces y máscaras, en fin, es variado el repertorio de productos con un pico impresionante de salida durante el mes de octubre gracias a Halloween, fiesta de origen pagano que se celebra la noche del 31 de octubre, víspera del Día de Todos los Santos, y que tiene sus raíces en el antiguo festival celta conocido como Samhain.

Aunque en décadas pasadas se concentraba en los Estados Unidos, de un tiempo a hoy se ha convertido en una celebración mundial, y desde cualquier país se le puede sacar gran provecho económico a esta divertida celebración.

EFEMÉRIDES

Día del padre y de la madre, hasta de la abuela y las mascotas, son celebraciones donde aumentan las ventas en determinados rubros. Ten en cuenta que algunos sectores como juguetes, alimentos, automóviles, electrodomésticos, cosméticos y productos de higiene son particularmente sensibles al proceso de importación.

MARKETING ESTACIONAL

El clima afecta directamente la psicología del cliente e influye en su carácter y disposición para comprar. En los países con estaciones cambian las necesidades de las personas, y la industria se sirve de esta temporalidad para, por ejemplo, promover durante el verano campañas más frescas e informales de ropa, las perfumerías ofrecen promociones de regalos para lanzar las nuevas ediciones, y se dispara la venta de aires acondicionados y ventiladores.

Uno de los mejores ejemplos son los vendedores callejeros de paraguas, que abundan durante periodos de lluvia para mercadear sus ofertas; mientras, cuando llega el frío del invierno, le toca el turno a las mantas, bufandas, calentadores de agua e infusiones calientes.

TIEMPOS DE CRISIS

Las "estaciones críticas" son periodos que pueden anticiparse para satisfacer las demandas del mercado y, por qué no, sacar provecho económico. Un ejemplo de ello es la temporada de tormentas, como es el caso de Florida, que comienza a inicios de junio hasta finales de noviembre, y donde florece la venta de alimentos no perecederos, linternas oartículo de higiene.

¿CUÁNTO IMPORTAR?

El número de productos a importar dependerá del plan de negocios que te hayas trazado, donde debes considerar los costos y el margen de ganancias; así como, por supuesto, el presupuesto con el que cuentes.

También hay otra variable importante a tomar en cuenta, y es el mínimo de venta que imponen los fabricantes para asegurar su margen de ganancias. Este mínimo es decisión del fabricante y varía según cada cual, pudiendo oscilar desde 50 a 500 unidades.

Aunque importar en grandes volúmenes requiere una mayor inversión, también garantiza una rentabilidad superior pues se aprovechan los descuentos por unidad que ofrecen los fabricantes cuando se hace un pedido mayor. También los ahorros en el traslado por vía marítima son superiores.

No obstante, si te estás iniciando en esto, al principio importa una cantidad mínima necesaria para tantear el mercado antes de comprometerte con una cifra voluminosa.

En todo caso, recomiendo elegir de 1 a 3 productos, no más, pues con mayor cantidad de productos y la cantidad mínima por orden (MOQ) que exigen los proveedores, al final tendrías una enorme cantidad de artículos en stock que podría ocasionarte problemas de almacenaje y dificultades para el retorno de la inversión en un corto periodo de tiempo. Recuerda el dicho: quien mucho abarca, poco aprieta.

¿QUÉ PRECIO PONER A MI PRODUCTO?

La respuesta a esta pregunta es de mucha importancia porque de ella dependerá el grueso de la rentabilidad de tu emprendimiento. Olvida que te volverás millonario de la noche a la mañana poniendo precios estratosféricos, pues la idea es establecer un precio en el que tanto tú como tu cliente salgan ganando.

En el mundo del marketing la adjudicación del precio al producto es uno de los temas más delicados. Tanto, que se han creado diferentes orientaciones, entre las cuales tú deberás elegir la que mejor se adapte a tus metas de rentabilidad. En este punto sugiero seguir el sabio consejo de Jack Ma, fundador de Alibababa.com "Nunca, jamás, compitas en precios; por el contrario, compite en servicios e innovación". Algunas opciones a tener en cuenta para fijar el precio son:

» Neutral: es fijar unos precios similares a los que dicta la competencia, por lo que deberás estudiar a tus competidores para identificar a cuánto venden, y qué valor aportan o no sus productos con relación al que tú ofreces.

» Penetración y oferta: estrategia dirigida a entrar en el mercado y crecer ofreciendo descuentos y ofertas que hagan más tentadora la compra.

» Élite: consiste en vender a alto precio en un mercado en el que la demanda de determinado producto es baja, el perfil económico del comprador es muy alto, y hay muy poca competencia.

» Psicológico: demanda mucho trabajo de mercadeo pues busca que el consumidor se sienta emocionalmente comprometido con la compra, y pague no por un vestido o un accesorio, por ejemplo, sino por una experiencia.

» Social: muchos clientes se sienten tentados a llevar la mano al bolsillo cuando parte del dinero que paga por un producto va destinado a apoyar alguna causa, ya sea ambientalista o de niños de la calle o cualquier otra.

¿DÓNDE Y CÓMO ENCONTRAR EL PRODUCTO

Aprende a manejar Alibaba.com, la mayor vitrina de productos asiáticos.

Una vez elegido o al menos preseleccionado el producto con el que deseas emprender, es hora de resolver la pregunta que seguro ahora te estás planteado: ¿dónde y cómo encontrarlo? Mi respuesta es siempre la misma: Alibaba.com, una plataforma B2B (business to business), es decir, negocio a negocio, fundada en 1999 y donde empresas de cualquier rubro encuentran fabricantes de productos no solo de China, sino que de cualquier parte del mundo.

Pero al hablar de Alibaba, es casi imposible dejar de nombrar en primer lugar la inspiradora historia de su creador, Jack Ma, fundador de Alibaba Group y que engloba una veintena de compañías, entre ellas Yahoo! China, AliPay o UC Web. Hoy el consorcio opera con más de 4 millones de proveedores de 200 países.

Pero lo más impresionante es que esta cadena de éxitos empresariales solo se compara con los muchos fracasos que Jack Ma debió superar para convertirse en uno de los hombres más ricos del planeta.

JACK MA, EJEMPLO DE SUPERACIÓN

En Alibaba.com tú no vas a encontrar proveedores que vendan solo un bolígrafo, una cartera o un par de zapatos, pues la página se especializa en conectar miles de fábricas en China con clientes de todo el mundo.

Nacido en Hangzhou, provincia de Zhejiang, en el seno de una familia humilde, durante su juventud se desempeñó como conductor de bicicletas. Sacó 1 de los 120 puntos en la sección de matemáticas de su examen de admisión a la universidad -"No soy bueno con los números, nunca estudié administración y hasta la fecha no puedo leer un reporte de contabilidad", ha llegado a decir. Luego buscó trabajo en 30 empresas diferentes. En todas y cada una de ellas fue rechazado, desde la comisaría local donde intentó emplearse como oficial de policía, hasta la cadena de comida rápida KFC, a la que acudió como parte de un grupo de 24 aspirantes a despachadores. 23 de ellos fueron contratados, menos el entonces desafortunado Jack Ma.

Rechazado en la Universidad de Harvard en 10 oportunidades, solo se le daban los idiomas, por lo que comenzó a dar clases de inglés por 12 dólares al mes. Tras explorar el potencial de internet para intercambiar bienes en línea, en 1999, a la edad de 35 años y con el dinero dado en calidad de préstamo por un grupo de amigos, funda Alibaba, nombre inspirado en uno de sus héroes de la infancia. Sus primeros colaboradores trabajaban en un rincón de su modesto apartamento en Hangzhou, su ciudad natal, sin percibir salario alguno aunque seducidos por el carisma de este personaje de discutible atractivo físico pero acreedor de una cálida y envolvente personalidad.

En sus inicios, el propósito de la Alibaba era facilitar las transacciones comerciales entre los productores y los compradores, dadas las complejidades logísticas propias de aquel ancho territorio oriental. Los tres primeros años fueron duros, al punto de que para mostrar tráfico en la plataforma digital Jack y su equipo compraban muchos de los productos puestos en venta.

Poco a poco se transformó en el mayor mercado digital al detalle de China (en 2015 generó ventas por 463.000 millones de dólares, superando a los colosos Ebay y Amazon), hasta dominar más de la mitad de ese rubro en China, contar con alrededor de 24.000 empleados y llenar los bolsillos de su dueño con una fortuna calculada en USD 36.500 millones.

El éxito de Jack Ma se debe no solo a su visión de negocio y a negarse a vender sus empresas al primer fracaso, sino, como el mismo ha asegurado, a procurar que el equipo de trabajo demuestre "valor, innovación y visión". En fin, a desplegar al máximo su potencial. "No importa qué tan difícil sea lo que sueñas, conserva esos pensamientos del primer día. Te mantendrán motivado y te salvarán de cualquier pensamiento débil", ha dicho este admirable personaje.

> Como emprendedores que constantemente debemos enfrentar retos y desafíos, la historia de Jack Ma debe servirnos de impulso para nunca darnos por vencidos.

LECCIONES DE JACK MA PARA EMPRENDER

Innumerables son las lecciones que podemos aprender de la experiencia de Jack Ma. Más allá de las estrategias comerciales o financieras, este exitosísimo empresario nos deja una serie de aprendizajes donde la compasión y el amor son protagonistas:

» Nunca perder de vista ayudar a otros para generar un impacto positivo en el mundo y dar a nuestra existencia un sentido de propósito y realización.

» Con amor te conviertes en un buen maestro. Y un buen maestro siempre espera que sus alumnos se desempeñen mejor que él. Es compasivo y se preocupa por sus estudiantes.

» Escucha cuidadosamente a los otros, permaneciendo atento para mejorar sus vidas. Las personas son más propensas a respetar a los líderes que se toman el tiempo para entender a quienes le rodean.

» Identifica quiénes son mejores que tú en determinada tarea y aprende de ellos desinteresadamente. Si los individuos solo optan por competir sin la presencia del componente del amor, la vida puede llegar a convertirse en un feroz campo de batalla.

» Haz el mejor esfuerzo para entrenar y apoyar a los otros, con lo que estos harán su mejor esfuerzo para desempeñar un papel importante y aumentar el éxito del negocio, pues el negocio es sostenido por un esfuerzo colectivo y no por una actuación individual.

» Respeta y honra a generaciones ajenas a la tuya. En lugar de despreciar a los trabajadores jóvenes, el líder debe tomarse el tiempo para comprenderlos, entrenarlos y apoyarlos.

EMPIEZA LA BÚSQUEDA EN ALIBABA

Numerosos son los beneficios de incursionar en Alibaba para la búsqueda del producto ideal para tu emprendimiento. Algunas de las principales ventajas son:

» Compra y entrada disponible para empresas y particulares.

» Acceso a gran número de proveedores de diferentes localizaciones, lo que ofrece un abanico casi infinito de opciones, características, precios, niveles de calidad, etc.

» Variedad de proveedores y productos MUY extensa. ¡Muchos solo los encontrarás de la mano de vendedores asiáticos!

» Existen varios niveles de verificación de la reputación y confiabilidad de los proveedores.

» Los proveedores brindan precios competitivos y flexibilidad al momento de fijar los pedidos mínimos, lo que se presenta como una oportunidad para particulares y pequeñas empresas.

» No existen limitaciones de horario.

Veamos ahora los pasos precisos para buscar tu producto en Alibaba:

2 Crea tu cuenta

Alibaba

1 Visita la página o descarga la app

3 Busca tu producto

1. VISITA LA PÁGINA O DESCARGA LA APP

El primer paso para comprar en Alibaba es visitar su página web en www.alibaba.com o descargar la aplicación en tu teléfono móvil. Por supuesto, hay versiones disponibles tanto para Android como para Apple.

2. CREA TU CUENTA

Una vez que accedas a la página principal de Alibaba, en la parte superior izquierda encontrarás la opción de "Iniciar sesión" en caso de que ya tengas una cuenta; o "Unirse de forma gratuita" si aún no eres usuario de Alibaba.

PRIMERO, LA SEGURIDAD

La seguridad al momento de visitar tanto Alibaba como cualquier otra página de ventas, es fundamental para no ser víctima de hackers o de robo de identidad. En primer lugar, verifica que utilizas una red wifi segura, evitando en todo momento una red wifi pública. Cuando accedas a la página, comprueba que la url contenga «https», y si hay un candado cerrado en el lateral izquierdo de la url. Muchas páginas añaden sellos de confianza que han sido verificadas por empresas de seguridad en el comercio electrónico.

Es un proceso sencillo en el que solo necesitas nombre de usuario, una contraseña y un correo electrónico al que asociar tu cuenta. Recuerda indicar la información relevante de tu empresa o si eres emprendedor.

Aunque hay un apartado donde escribir el nombre de tu empresa, en caso de no poseerla puedes darte de alta poniendo tu nombre como el nombre de empresa. También hay la opción de registrarse con tu cuenta de Facebook:

En las herramientas de la parte superior izquierda podrás ingresar el país del que quieres importar. En el buscador de Alibaba, escribe aquello que estés buscando, y encontrarás numerosos resultados.

3. BUSCA TU PRODUCTO

Utiliza el buscador para encontrar lo que necesitas, pero antes de iniciar la primera búsqueda te recomiendo configurar el portal a la versión inglés, debido a que el buscador ofrece mejores resultados con este idioma que con el español. Ten en cuenta que los productos que ofrecen los resultados de búsqueda de Alibaba no pertenecen a Alibaba, sino al proveedor, por lo que las consultas o dudas sobre los artículos deberás plantearlas directamente al proveedor que contactes luego.

DIFERENCIAS ENTRE ALIBABA Y ALIEXPRESS

Que los dos sean marketplaces provenientes de China y con nombres parecidos desconcierta a muchas personas; no obstante, las diferencias son muy notables:

» Alibaba es una plataforma B2B, es decir, business to business, que permite a pequeños y grandes empresarios a contactar con millones de fabricantes de productos. En Alibaba.com seguro encontrarás productos más baratos, pero solo están disponibles en grandes cantidades, pedidos de 100, 1000 o 10.000 unidades. A su vez, los pedidos se envían mediante contenedores vía aérea o marítima, así que demoran su tiempo en llegar a destino.

» Por su lado, Aliexpress se orienta al consumidor final que va a utilizar el producto y no a distribuirlo o comerciar con él. De allí que si tu idea es montar un negocio a partir de productos chinos importados, Alibaba es la mejor opción por todas las categorías de búsqueda que presenta, opciones de estudiar a los proveedores o fábricas, así como por sus precios al mayoreo.

Hay dos primeras formas básicas de buscar productos en Alibaba:

BÚSQUEDA POR PRODUCTO

Escribe el nombre del producto que deseas y aparecerá una lista. Por ejemplo, si colocas la palabra "shoes", la página presenta más 307.833 resultados ¡Una cantidad enorme! Esos son muchos productos, pero no nos dice nada acerca de los proveedores detrás de esos productos.

BÚSQUEDA POR PROVEEDOR

En esta opción ingresa también el nombre del producto, pero si cliqueas en Búsqueda por proveedor obtendrás proveedores que brindan el producto que buscas. En el caso de shoes, ya no me aparecen los 307.833 tipos de calzados de dónde elegir, sino 3312 proveedores que más adelante aprenderemos a refinar.

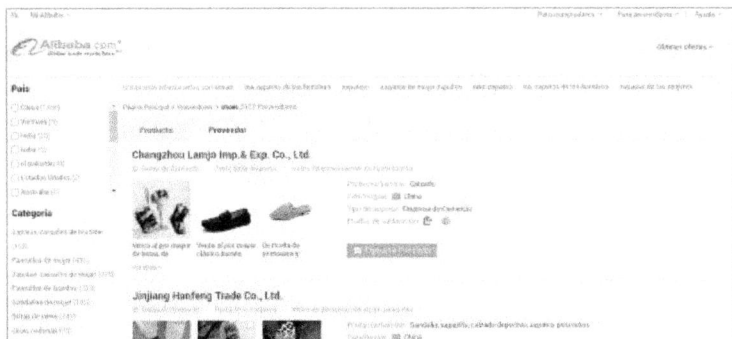

Por los momentos, basta saber que estos primeros resultados los puedes filtrar según tus preferencias para hacer más precisa tu búsqueda: por tipo de producto, por ubicación del proveedor, por categoría de producto, por cantidad mínima de pedido. Una vez que hayas encontrado el artículo de tu interés, tendrás acceso a información más específica.

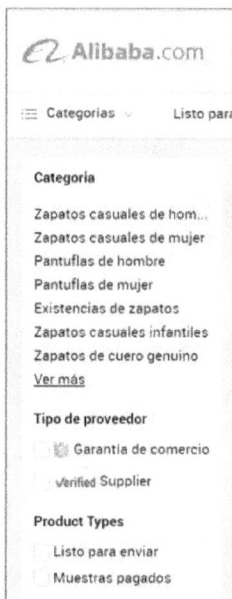

A través de fábricas en Asia puedes realizar la búsqueda, fabricación e importación de cualquier regalo publicitario, objeto promocional y prenda de textil publicitario para tus clientes, consiguiendo un importante ahorro de costes y entrega en los plazos acordados, bien por vía aérea o marítima.

GlobalSource
Semejante a Alibaba, esta plataforma que pone en contacto a compradores y proveedores hace énfasis en proveedores participantes en las diferentes ferias y eventos industriales, específicamente en materias primas, materiales de construcción, industrias del plástico y similares. Su dirección es www.globalsources.com, donde podrás echar un vistazo de su variada oferta.

Made-in-china
Fundada en 1996 por Focus Technology, ofrece información sobre los productos y los proveedores chinos. No obstante, los proveedores se concentran más en atender el mercado local.

Es importante comparar precios pues muchas veces te aparece un producto y quieres comprarlo al instante, pero en ocasiones hay varios proveedores del mismo producto, muchos de ellos con más variedad, mejor calidad, funcionalidad, mejor precio y, ¡muy importante!, mayor confiabilidad. Profundicemos en el siguiente capítulo en este punto que decidirá el destino de tu iniciativa comercial.

¿CÓMO ENCONTRAR PROVEEDORES CONFIABLES

La elección de un proveedor confiable es clave para el éxito de tu negocio.

Aunque no es complicado encontrar fabricantes en China para cualquier producto que se te ocurra, el inconveniente se presenta al momento de conseguir fabricantes calificados en quienes confiar: las búsquedas requieren de experiencia y agilidad antes de poner un centavo en manos de proveedores que en muchas ocasiones son empresas fantasma o utilizan certificados falsos. Aunque son incontables sus virtudes, te advierto desde ya que el fraude acecha en cada esquina de Alibaba.

Se ha determinado que el 40 % de las "empresas" chinas en Internet son fraudulentas o se trata de personas que ni siquiera se encuentran en ese país y que, al momento en que pagues por el producto, desaparecerán del mapa y tú perderás toda tu inversión. De allí surge entonces la gran pregunta a resolver en este capítulo: ¿cómo conseguir en Alibaba proveedores chinos confiables?

Antes que invertir el tiempo en comparar precios, decidir cantidades de pedido o enviar cotizaciones, lo primero que debes hacer es buscar un buen proveedor que te garantice calidad y responsabilidad. Evalúa varios candidatos y recopila toda la información necesaria antes de tomar una decisión de compra.

No siempre es el más barato

Verificado por los filtros

Certificado por las autoridades

Responde detallada y rápidamente

Garantiza estándares de calidad

Flexible

» No siempre es el más barato ni el más reconocido, sino el adecuado para ti.

» Verificado por los filtros que ofrece Alibaba.

» Está certificado por las autoridades competentes (aunque abundan las falsificaciones y modificaciones de la certificación).

» Responde detallada y rápidamente.

» Garantiza los estándares de calidad deseados y es fiable en los plazos de entrega.

» Se muestra flexible a las necesidades del comprador y opciones de pago.

UTILIZA LOS FILTROS

La enorme cantidad de proveedores te obliga a ser muy analítico y selectivo para separar la paja del trigo. En el caso de Alibaba, utilizar los filtros de búsqueda y verificación es esencial para confirmar la información proporcionada por los proveedores. Si realmente existe, niveles de producción, certificaciones, movimiento económico, entre otras categorías que te ayudarán a seleccionar con pie firme.

Volvamos al ejemplo de la búsqueda del término shoes, o calzado, que utilicé páginas atrás. Supongamos que el producto que vas a ubicar son zapatos para niños. Como vimos anteriormente, al hacer la búsqueda por producto aparecerá una lista con aquellos productos disponibles, pero en esta etapa nos interesa enfocar nuestra atención en el proveedor antes que en el producto. ¿Cómo? Veamos.

Es aquí cuando entra en juego la sección de los filtros para clasificar a los proveedores por categorías, mercado, ganancias, certificaciones y hasta número de empleados.

POR EMPLEADOS Y GANANCIAS

Sin cambiar el nombre del producto en el área de búsqueda, pulsamos la categoría Proveedores. Al cliquear el enlace del proveedor que a primera vista te interese, se desplegará su perfil donde aparecerá la siguiente información:

» Perfil de Empresa

» Generalidades de TrustPass

» Capacidad de asesoramiento

» Interacción con el comprador

» Capacidad de producción

» Capacidad comercial

En esta sección utilizaremos dos criterios importantes. El primero de ellos es el número de empleados. Por supuesto, si es una fábrica, no tendrá de 5 a 10 empleados, sino un mínimo de 51 a 100 empleados. El segundo criterio es el de ganancias obtenidas por los proveedores en su negocio.

NIVEL DE TRANSACCIÓN

En esta sección revisaremos el nivel de transacción en los proveedores. Al colocar, por ejemplo, la opción de 5 millones a 10 millones de dólares anuales, los resultados de la búsqueda se reducirán drásticamente, de miles a unos pocos cientos de proveedores.

Huye de los extremos: ni un nivel de transacción demasiado bajo que levante sospechas sobre la naturaleza de ese proveedor, pero tampoco una fábrica demasiado grande comparada con tu perfil de importador: en este caso, serás apenas un cliente sin mayor importancia, además que los pedidos mínimos de este tipo de fábricas suelen ser muy altos.

GOLD SUPPLIER

Alibaba inspecciona y clasifica a los proveedores con el fin de otorgar certificaciones para acreditar la rectitud de sus servicios. En el caso de la certificación Gold Supplier, los proveedores pagan una membresía para ser inspeccionados y comprobar su existencia, los años de operaciones y la legalidad de su documentación.

Todos los proveedores dorados deben aprobar una verificación in situ, mientras que los de otros países y regiones deben aprobar la verificación A&V, luego de lo cual podrán mostrar el icono de proveedor de oro para demostrar que su empresa ha sido verificada por una tercera agencia como empresa registrada legalmente.

El número de años que un miembro ha sido proveedor dorado se muestra junto con el lo-gotipo y se actualiza anualmente.

VERIFIED SUPPLIER

Es el nivel más alto de verificación. Se trata de una membresía premium para proveedores de alto nivel y que se obtiene solo luego de que una compañía de inspección visita las instalaciones de la fábrica, toma fotografías, graba vídeos y verifica la producción.

El proveedor ha sido inspeccionado por un auditor independiente tipo SGS o Bureau Veritas, determinando la fiabilidad en aspectos clave como procesos de fabricación y calidad. Luego sube el reporte al perfil de la cuenta en Alibaba. Los resultados que se obtienen tras utilizar este filtro son muy reducidos.

El informe de la inspección incluye los años que el proveedor tiene dentro de esta plataforma, si está asegurado y verificado por compañías externas, las patentes de marca, así como datos de la persona, contactos, número de teléfono y correo electrónico. Tienes la opción de descargar el reporte para estudiar todos los detalles.

MIRA EL VIDEO E INVESTIGA MÁS

Presta atención a los videos que aparecen en el perfil de proveedor. Por lo general muestran el equipo operacional del fabricante, su departamento de diseño o línea de ensamblado, los tipos de productos principales, los empleados, el año que fue establecido, capacidad de producción, condiciones de sus máquinas.

Información adicional
Te sugiero revisar los iconos que muestra el proveedor en su perfil, tales como diamantes y porcentajes de respuesta, que te ayudarán a tomar la mejor decisión. Al elegir proveedores que cuenten con estas insignias disfrutarás de mayor garantía en cuanto a su transparencia y la fiabilidad. Esto es muy importante porque,

al momento de la venta, el importador es el responsable de los productos que importa: de generar problemas de salud u otro tipo de afecciones al consumidor final del producto, en primera instancia las consecuencias legales recaerán sobre el importador.

ENLAZA LOS PRODUCTOS

En Alibaba cuentas con la opción de "enlazar productos" que es importante tomar en cuenta porque mientras más productos de un mismo proveedor coinciden con la búsqueda, mayor será la posibilidad de que sea un fabricante confiable.

Cuando un proveedor se concentra en un tipo de producto, por lo general ofrece mejores precios y mayor calidad; por el contrario, un número de coincidencias muy bajo revela que el proveedor posiblemente sea un intermediario.

CONOCE LAS FERIAS

La Feria de Importación y Exportación de China, también conocida sencillamente como Feria de Cantón, fue inaugurada en 1957 y es hoy la mayor feria comercial de ese país, con una amplia variedad de productos y acuerdos de negocios. Registrarte como comprador es muy simple: solo debes entrar en www.cantonfair.org.cn darle clic en Register y la página te dará las opciones en inglés, para de ahí en adelante tomar ideas sobre lanzamientos de productos a comercializar con tu emprendimiento.

SOLICITA LAS CERTIFICACIONES

En el ecosistema industrial chino las autoridades ofrecen a los fabricantes distintos tipos de certificaciones que avalan su correcta participación en el mercado. Los fabricantes que cuentan con tales certificaciones no dudarán en facilitártelas, al punto de que en muchos de sus perfiles en Alibaba las suelen adjuntar en formato PDF, y la propia Alibaba ofrece un filtro con este propósito.

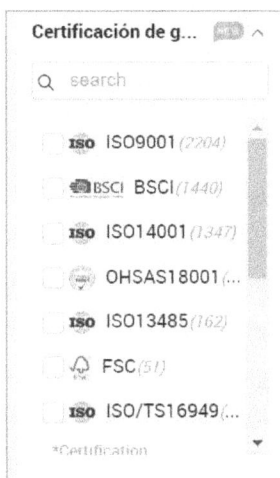

Según el tipo de producto ofrecen uno u otro tipo de certificación, lo que debes tener en cuenta para orientarte en el proceso. Algunas de estas certificaciones son Norma ISO 9001, que es la familia de las normas 9000 relacionadas con los Sistemas de Gestión de Calidad.

Particularmente, la ISO 9001, aplicada internacionalmente, define los elementos organizativos, administrativos y de control que debe poseer una compañía para brindar productos y servicios de calidad. Es una norma.

Una fábrica que ofrezca el cumplimiento de esta norma demuestra que su proceso productivo se encuentra debidamente estructurado, es medible y controlable. Por su parte, la Norma ISO 9000 solo indica orden, normalización, mecanismos de medición y retroalimentación. Las certificaciones se autorizan de manera individual por producto y tienen una fecha de caducidad.

No obstante, que un proveedor muestre determinado certificado no significa que sea real. Por lo tanto, comprueba bien cada uno de ellos.

EVITA POSIBLES PROBLEMAS

Que el proveedor no sea transparente u ofrezca certificaciones falsas puede ser catastrófico para tu negocio, pudiendo acarrear problemas logísticos, costes imprevistos, retrasos, hasta que los productos sean bloqueados en la aduana y, en el peor de los casos, la pérdida de la mercancía.

AL MOMENTO DE
COTIZAR

Una solicitud detallada
de tu requerimiento,
condiciones de pago y
envío, evitará posibles
inconvenientes.

Tras aplicar estas consideraciones, puedes empezar a contactar a los proveedores anteriormente preseleccionados. Acá un consejo fundamental es NUNCA decantarse solo por uno, sino cotizar a varios y contar con la información de diferentes fuentes para comparar y elegir la mejor opción.

COMPARA PROVEEDORES

Una utilidad muy interesante para ayudarte a decidir es la posibilidad que ofrece Alibaba de comprar automáticamente proveedores. Con esta opción, disponible a un clic, puedes cotejar de 2 a 20 fabricantes a partir de diferentes criterios como volumen de ventas anuales, características del producto y mercados en los que tienen experiencia exportando, entre otras valoraciones.

Es muy importante la comunicación inicial con el proveedor para conocer la disponibilidad real del producto, además la interacción te permitirá preguntar sobre las especificaciones y características del producto que estás buscando, asegurando así que cumple con la funcionalidad y expectativas previas. A través de Alibaba tienes la opción de comunicarte mediante las siguientes opciones:

CONTACTO DEL PROVEEDOR

Una vez elegido tu grupo preliminar de proveedores, ponte en contacto pulsando el botón "Contact Supplier", luego de lo cual se desplegará un formulario de contacto donde introducir toda la información que necesitas.

Los proveedores de Alibaba normalmente ya tienen bien organizada la información sobre sus productos, desde precios, ficha técnica, pesos o colores, por lo que responden de inmediato. La tasa de respuesta será mayor si ofreces especificaciones claras del producto: una solicitud detallada facilita mucho la interacción y evita posteriores malentendidos.

Acá, por supuesto, debes prestar atención al precio del producto, pero recuerda que un monto significativamente más barato puede ser indicativo de desperfectos de calidad. En todo caso, es importante que esas cotizaciones contengan la siguiente solicitud de información:

» Especificaciones muy detalladas del producto.

» Cantidad mínima de orden.

» Incoterms (Términos Internacionales de Comercio).

» Embalaje de exportación.

» Sistema de pago, por ejemplo si pagará a través del sistema Trade Insurance de Alibaba para el pedido.

» Para solicitudes de productos líquidos, medicinas, maquillaje y químicos, solicita a tu proveedor el MSDS o Hoja de Datos de Seguridad de Materiales, un documento que contiene información sobre los compuestos químicos de un producto, la manera de utilizarlo y almacenarlo, manejo de recipientes, procedimientos de emergencia y posibles efectos sobre la salud de los usuarios.

CHAT

Con el chat en vivo podrás establecer una conversación instantánea, generalmente en idioma inglés, ¡así que no te preocupes en aprender mandarín!

Al abrir el perfil del proveedor, encontrarás esta opción, que es la más rápida pero no siempre la más aconsejable porque las conversaciones no se guardan, con lo que no quedará constancia por escrito del asunto tratado, aspecto a tomar en cuenta si en un futuro las cosas no salen bien.

CORREO ELECTRÓNICO

Otro modo de conectar con el proveedor es el correo electrónico. De ser este el caso, verifica el dominio de la dirección de correo del vendedor, y desconfía por completo si el correo del proveedor contactado es @gmail.com o @yahoo.com. El dominio debe ser propio de la empresa. Recuerda ser muy específico durante las comunicaciones sobre las cualidades esperadas.

De entre los diferentes proveedores que compares, elige una opción principal así como secundaria o de respaldo por si la primera alternativa no cumple con tus expectativas. Con esto evitarás repetir todo el proceso de nuevo.

CONOCE EL ASUETO CHINO

Al momento de cotizar, ten en cuenta que del 15 de enero al hasta el 3 de febrero cierran todas las fábricas de China. Aunque el asueto es oficialmente de cinco días hábiles más un fin de semana, muchos trabajadores viajan a su provincia de origen para permanecer allí por un par de semanas. En ese lapso las fábricas chinas acumulan desde diciembre muchos pedidos, por lo que debes asegurar tus productos antes de la primera fecha señalada y realizar el proceso para el transporte de la mercancía. Otras fechas a marcar en el calendario son:

» Año Nuevo chino: del 4 al 30 de enero.

» Festival de Qingming: del 4 al 6 de abril.

» Día del Trabajo: del 1 al 5 de mayo.

» Dragon Boat Festival: del 25 al 27 de junio.

» Festival del Medio Otoño:

CONOCE LOS **INCOTERMS**

Cuando los comerciantes entran en un contrato para la compra y la venta de mercancías, están libres de negociar términos específicos en su contrato. Estos términos incluyen el precio, la cantidad, y las características de las mercancías. Cada contrato internacional contiene lo que se refiere como Incoterm (reglas internacionales para la interpretación de términos comerciales).

Los Incoterms son los términos comerciales internacionales que definen las obligaciones, los gastos y los riesgos del transporte internacional y del seguro, tanto entre el exportador y el importador.

Estos términos son reconocidos como estándares internacionales por las autoridades aduaneras y las cortes en todos los países.

El Incoterm seleccionado por los comerciantes de la transacción determinará quién pagará el costo de cada segmento del transporte, quién es responsable de cargar y descargar la mercancía, y quién lleva el riesgo de la pérdida en un momento dado durante el envío internacional. Aunque hay 11 en total, los Incoterms a los que debemos prestar atención son los siguientes:

EXW (Ex Works)

Con él, te responsabilizas de recoger los productos en el almacén del proveedor, así como de los pasos para que el producto llegue al almacén. Aunque el costo de la compra disminuye drásticamente, debes contratar los servicios de una empresa de importación con sede en China.

FOB (Free on Board / Libre a bordo)

El proveedor se hace responsable de trasladar la mercancía hasta el puerto y adecuarla para el despacho. No obstante, el comprador debe asumir el flete marítimo.

CIF (Cost, Insurance and Freight / Costo, Seguro y Carga)

Acá el proveedor asume el flete marítimo, mientras que el comprador asume los costos por despacho de aduanas, descarga, seguro, entre otros.

DAP

El proveedor se responsabiliza del producto hasta que llegue a destino en el almacén, lo que incluye despacho de exportación, flete marítimo, despacho de mercancías en destino, entre otros aspectos.

DDT (Delivered Duty Paid / Servicio de entrega pagado)

El proveedor costea todo el proceso. Resulta una de las opciones más costosas.

Pide que te coticen bajo diferentes Incoterms para encontrar un equilibrio entre calidad y precio competitivo. Así podrás analizar cómo varían los costos de acuerdo con el volumen del pedido. También, y al momento de revisar el contrato de compraventa, especifica con mucho detalle tus requerimientos para así poder reclamar con "los pelos en la mano" en caso de incumplimientos.

SERVICIO DE **AGENCIAMIENTO**

Comprar directamente al fabricante chino tiene una serie de beneficios, la selección de productos es muy amplia y los precios son más bajos debido a que intervienen menos intermediarios; pero eso no es suficiente: cuando se encuentra un proveedor a través de internet, feria o exposición, es necesario cerciorarse de su legalidad, confiabilidad, antigüedad, así como verificar que la persona de contacto realmente trabaje en la empresa y evitar ser víctima de fraude por la omisión de estos importantes detalles.

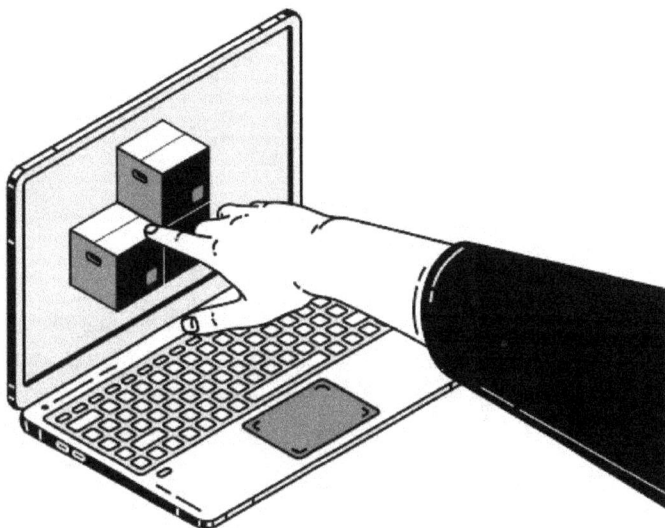

COMPRA SIN
RIESGOS

Tras la cotización más
conveniente, llega el
esperado momento de
concretar la operación.

Durante el tiempo en que manejé la oficina de importación en Panamá, lamentablemente, algunos de los empleados confabularon para robarnos. Entraré en detalles páginas más adelante. En cierta ocasión salí al aeropuerto a recoger a un aliado chino para asistir a una feria comercial y luego despachar a unos comerciantes de Colón un lote de televisores almacenados en un contenedor. Al día siguiente, los comerciantes me llaman por teléfono para echarme encima un balde agua fría: "Hay un faltante de 50 televisores".

Yo me había cerciorado en la bodega de que los televisores estaban completos. Al momento de revisar las cámaras de vigilancia, noté en las cintas de grabación cómo las cámaras dejaban de funcionar por un momento y luego eran encendidas de nuevo. Entre una y otra interrupción, se observaban los saltos de tiempo cuando la mercancía era extraída poco a poco.

Aquel descubrimiento fue un golpe de suerte: las cámaras grababan por lapsos de 15 días, y de pasar un día más se hubiese borrado esa irregularidad con la que resolvimos el misterio del robo. Sin embargo, a partir de ese desafortunado incidente de deslealtad laboral la oficina de Panamá fue cerrada.

Aprendí varias lecciones de ese duro episodio. La primera fue la importancia de la previsión, de anticipar las acciones que nos ayuden a salir victoriosos ante posibles incidentes. Asegurarse de contar con proveedores confiables es el primer paso, factor que del que te hablé en las páginas anteriores. Luego viene una serie de etapas para evitar dar un salto al vacío, como la coordinación de los detalles y la verificación de la calidad del producto antes de ser embarcado para evitar sorpresas desagradables al momento en que llegue a tus manos.

ANTES, PIDE UNA MUESTRA

Antes de concretar la compra de un pedido importante, solicita una muestra del producto para cerciorarte de que satisface tus requerimientos y necesidades, y constatar su calidad, durabilidad y acabados.

La mayoría de los proveedores cobran la muestra más los gastos de envío, pero por lo general reembolsan esa cantidad si decides realizar el pedido con ellos; otros ofrecen muestras a un precio mínimo e incluso la regalan (dependiendo del producto, claro está) si sienten que eres un comprador responsable y con perspectivas de convertirte a futuro en un buen aliado. Aunque, por supuesto, los criterios variarán según el producto. Entre los factores a considerar dentro de una muestra están:

» Seguridad y posibles efectos en la salud de los usuarios.

» El diseño.

» El envase, empaquetado y etiquetado.

» Si peso y volumen se adecúan a la comercialización y almacenamiento pensados para él.

» Marcas o signos distintivos, que permiten identificar el producto y distinguirlo de los idénticos o similares de la competencia.

» Eficacia y respuesta ante el uso al que fue destinado.

» Resistencia, durabilidad y sensibilidad ante el desgaste, así como sensibilidad ante el entorno, clima y temperatura.

DETALLA LA POLÍTICA DE ENVÍO

El mundo globalizado de hoy ofrece grandes oportunidades pero también grandes riesgos. Así que, antes de efectuar la compra, recomiendo leer con detalle la Política de envío y devoluciones. Los productos en rebajas deben tener también la opción de cancelación o devolución. En este sentido, las llamadas "ofertas tentadoras" a veces pueden ser un indicativo de un sitio fraudulento o que se trata de productos falsos.

¿CÓMO PAGAR?

La transferencia bancaria. Es la modalidad más corriente al

momento de pagar a tu proveedor, quien por lo regular exige el 30 % una vez realizado el pedido, y el 70 % restante cuando la mercancía esté lista.

» **Tarjeta de débito o de débito.**

» **Paypal.** Con esta reconocida billetera virtual podrás realizar tus pagos sin revelar tus datos bancarios.

» **Carta de crédito.** Uno de los instrumentos más utilizados en el comercio internacional, y en el que tu entidad financiera garantiza el pago en caso de que no lo hagas, lo que agiliza los intercambios entre actores de países distintos. Consulta tanto al banco como a tu proveedor sobre esta opción.

» **Trade Assurance.** Alibaba ofrece la alternativa Trade Assurance, una opción de pago que puedes elegir al momento de cerrar la negociación con tu proveedor. Para disfrutar de las ventajas y garantías de esta modalidad de pago, el proveedor primero debe aceptar los términos de este convenio con el que se compromete con una cantidad por pedido para darle seguridad al cliente al momento de comprar. Es decir, si el proveedor con el plazo de entrega o la calidad se compromete a reembolsar el importe entregado hasta cierta cantidad establecida.

Para conocer el importe garantizado por el proveedor, pasa el mouse sobre la insignia "Trade Assurance" del proveedor que cuenta con esta opción. Se trata de un seguro que ofrece el proveedor ante cualquier eventualidad, por ejemplo, si falló en la calidad o la producción no fue entregada en el lapso de tiempo acordado en el contrato, con lo que se puede solicitar un reembolso.

En cualquier caso, NUNCA deposites dinero a una cuenta de un proveedor chino que no sea con el nombre de la empresa, o a una empresa diferente con la que has venido negociando. Aunque en China los nombres en chino de la compañía son los oficiales y reconocidos, la empresa necesita ofrecer un nombre traducido al inglés para poder utilizar el sistema SWIFT, sistema de mensajería interbancario que usan la mayoría de los bancos del mundo para enviar mensajes.

Si no tienes cuenta internacional, como compañía de agenciamiento ofrecemos el servicio de pago asistido que consiste en realizar el pago directamente al proveedor.

ASEGURA TU MERCANCÍA

La contratación de un seguro es necesaria para enfrentar situaciones como la recepción de mercancía defectuosa. Por ejemplo, si el envío llega a tus manos con desperfectos, además de los acuerdos de devolución acordados con el proveedor, un seguro servirá para recuperar la inversión.

De acuerdo al Incoterm acordado con el proveedor, será él o tú quien deba costear esta opción necesaria en caso de incendio, explosión, naufragio del barco o cualquier otra calamidad incluida en el contrato de seguro que afecte tu mercancía, aunque la compañía aseguradora se exime de cubrir defectos de calidad, desgaste o productos caducados, embalaje incorrecto y tardanza en la entrega. El coste del seguro suele rondar el 0,50 % del valor total de la mercancía.

La relación con el proveedor no termina una vez que le pagas, sino que debe mantener su nivel de servicio a lo largo del tiempo para asegurar que cumple lo estipulado. La idea es establecer una relación ganar/ganar: el proveedor chino debe sentir que teniéndote como comprador ha establecido una relación con un nuevo aliado que lo favorece y conviene a ambas partes, lo que producirá mayor compromiso de su parte para resolver contratiempos de plazos de entrega, calidad del producto y condiciones acordadas.

AL MOMENTO DE LA COMPRA

Con presencia física en China, contamos con personal propio sobre el terreno, no subcontratado, para negociar en español, inglés y, por supuesto, en mandarín.

Además de ayudarte a conseguir el producto que deseas importar, asistimos en el proceso de subcontratar parte de tu producción en China, a entenderte con tu proveedor actual, a fabricar un molde para que produzcas en tu país, así como a coordinar el embarque, entre muchas otras asistencias necesarias para optimizar el proceso, bajar costos y mejorar tiempos.

INSPECCIÓN PRE-EMBARQUE

Si abonaste parte del costo de la compra y ahora tu carga está casi lista para ser enviada, una inspección preembarque te da la tranquilidad de saber que tu pedido se ha realizado bien antes de que se envíe.

Para ello, el perito visita la fábrica para inspeccionar las unidades del producto, que son seleccionadas de forma aleatoria antes de hacer el embarque en el transporte de carga.

Una inspección de la mercancía asegurará que tus especificaciones han sido entendidas y evitará insatisfacciones futuras.

Luego te envía un correo electrónico con un informe detallado y documentado con fotografías constando aspectos como:

» Niveles de calidad.

» Color.

» Dimensiones.

» Peso.

» Etiqueta.

» Tipo de embalaje, entre otros aspectos relevantes.

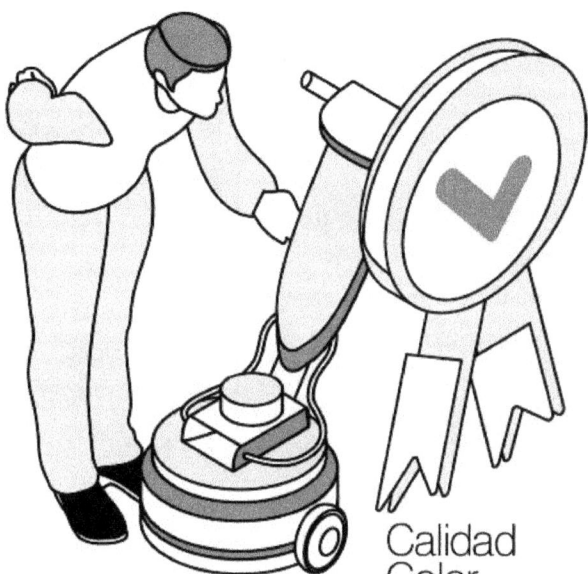

Calidad
Color
Dimensiones
Peso
Etiqueta
Embalaje

Con este servicio podrás:

» Estar seguro de que tu pedido se realizó con éxito antes de ser enviado.

» Comprobar la calidad en la fuente.

» No pagarás por bienes defectuosos.

» Contar con la documentación necesaria, como documento de embarque, carta de porte y justificante de envío, factura comercial que contenga nombre y dirección del vendedor, n° de factura, fecha y lugar de expedición; nombre y dirección del comprador/importador, términos de entrega y condiciones de pago, así como la descripción exacta de las mercancías, valor de la misma, con referencia a la partida arancelaria, con precios unitarios y con indicación del peso neto y peso bruto.

Es fundamental saber que el proveedor cumple con las especificaciones acordadas y tomar precauciones para reducir los riesgos de una orden incorrecta.

» Reducir costosos riesgos de importación.

» Evitar devoluciones.

» Proteger la imagen de tu marca.

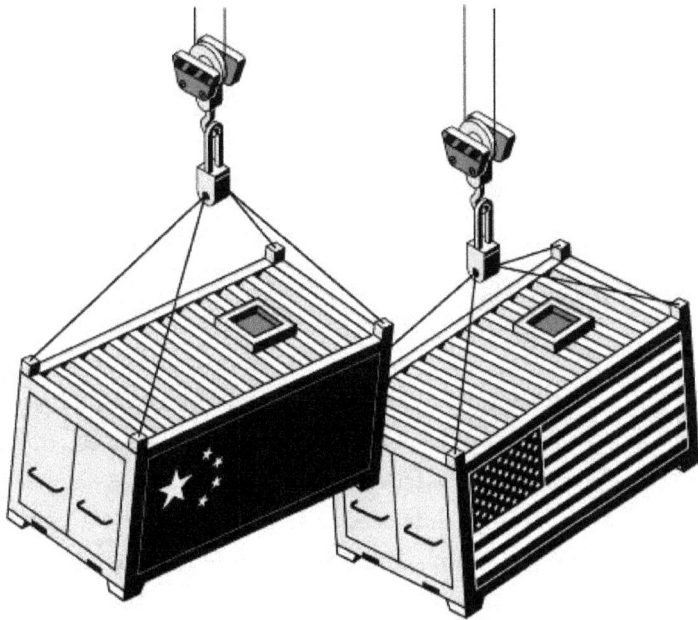

ASÍ VIAJA TU
MERCANCÍA

Conoce los aspectos
decisivos del envío y
transporte que podrían
afectar tu mercancía.

Una de las mayores preocupaciones de los importadores es desconocer qué pasará cuando su mercancía deba cruzar la aduana, si se estropeará durante la travesía desde la lejana Asia, o cuál es la mejor opción para trasladarla, si el transporte aéreo o el marítimo. ¡Despejemos tantas inquietudes en las siguientes páginas!

TRANSPORTE AÉREO

El envío aéreo es la elección ideal cuando se busca reducir los tiempos de envío y recibir bienes en casi cualquier parte del mundo: un envío marítimo demora alrededor de un mes, mientras que el aéreo se toma alrededor de una semana. Es también una opción muy segura y que ofrece muchos beneficios a pequeñas y medianas empresas.

Aunque más costoso que el marítimo, el transporte aéreo es recomendable para mercancías que cumplan con las siguientes condiciones:

Productos con fecha de vencimiento

Lujosos

Poco volumen

Destinos intrincados

Fácil rastreo

Menos costos de embalaje y almacenamiento

» **Productos con fecha de vencimiento:** los productos que tienen un periodo de caducidad muy breve, como alimentos, medicamentos o productos sanitarios, por ejemplo.

» **Productos lujosos:** el transporte aéreo brinda mucha confianza de cara a los concienzudos procesos de seguridad a los que es sometida la mercancía de gran valor, como joyas y relojes.

» **Destinos intrincados:** si el destino es de difícil acceso terrestre o marítimo, el transporte aéreo es la alternativa recomendaba.

» **Poco volumen:** si la cantidad total de lo transportado es menor a un metro cúbico.

» **Reducción de costos** de embalaje y almacenamiento. Si la mercancía no necesita un embalaje pesado ni ser almacenada por mucho tiempo y en grandes espacios, se reducen varios costos, entre ellos los del seguro.

» **Fácil rastreo:** calma los nervios contar con un número de vuelo así como horas de salida y llegada.

TRANSPORTE **MARÍTIMO**

Alrededor del 80 % del transporte internacional responde a esta modalidad. Consiste en llenar containers con la mercancía, y enviarlos en buque a su puerto de destino. Una mayor capacidad de almacenaje y la reducción de los costos de fletes privilegian al transporte marítimo por sobre el aéreo cuando se trata de transportar bienes de mucho peso y volumen, tales como neveras, lavadoras o muebles, y que no necesiten ser recibidos en un plazo inmediato o muy breve.

En el transporte marítimo existen dos tipos de envíos de contenedor que es conveniente conocer: LCL que corresponde a las siglas de Less Than Container Load (menos que una carga de contenedor) y FCL o Full Container Load (carga de contenedor completo) por su siglas en inglés.

FCL

La carga viaja de forma exclusiva dentro del contenedor, sin compartir espacios con otras mercancías. Los containers cuentan con las siguientes capacidades:

» Container Estándar de 20 FT capacidad cúbica 33.3 m3.
» Container 40 FT consta con una capacidad cúbica de 67.7 m3.
» Container 40 Ft HC constituido por una capacidad cúbica de 76.5 m3

IMPORTANCIA DEL EMBALAJE

El embalaje es clave para que el bien no sufra durante el traslado. Las características del producto determinarán el proceso de empaquetado en donde la elección de las cajas, acordes al tamaño y peso del producto, resulta fundamental. A su vez, el relleno de los espacios vacíos del contenedor elegido, con el uso de materiales acolchados, sirve para inmovilizar y proteger la mercancía.

LCL

Es una de las opciones de envío marítimo que implica que la mercancía ocupa menos que el espacio total de un contenedor completo, lo que significa que el contenedor será compartido y en él viajarán distintas mercancías de varios proveedores.

La mercancía es llevada desde la fábrica varios días antes de la salida del barco, lo que posibilita consolidar adecuadamente todo el cargamento en el contenedor. Una vez que el contenedor está listo, es llevado al puerto de salida un par de días antes del desembarco, transferida a la empresa naviera y enviada al puerto de destino.

Los precios del transporte marítimo fluctúan según el tipo de contenedor que escojas y el volumen y peso de la mercancía, aunque si importas una carga de contenedor de gran tamaño, el coste unitario será menor. Los precios LCL dependen del volumen de la carga, no del peso, por lo que es la opción a elegir cuando la mercancía ocupa más de 1,5 metros cúbicos, pues menos de ese volumen no hay mucha diferente entre los precios del envío aéreo y el marítimo. Ten en cuenta que algunas posibilidades de retraso en este sistema podrían ser:

> Los grupajes LCL son enviados normalmente con una frecuencia fija establecida, por lo regular una semana o quince días, y exige una logística más elaborada, así como una mayor preparación.

» Demoras en la llegada de otros envíos a ser cargados en el contenedor.

» La presencia de errores en la documentación de uno de los envíos de otro importador, lo que podría llevar que el servicio aduanal paralice el contenedor entero para su inspección o revisión.

» Mal clima durante el viaje.

Una vez que el contenedor llega al puerto de destino, el agente se encarga del despacho de aduanas, toma el contenedor y lo lleva desde el puerto hasta el almacén. Este proceso es llamado desconsolidación. En este punto, la persona o compañía responsable de recibir el envío busca la mercancía en el almacén y la transporta a su destino final.

Envío mediante FCL (Contenedor completo):
25-60 días

Envío aéreo:
7-15 días

Envío mediante LCL (Grupaje):
35-75 días

» Envío mediante FCL (Contenedor completo): 25-60 días

» Envío mediante LCL (Grupaje): 35-75 días

» Envío por aéreo: 7-15 días

SI NO TE GUSTA LO QUE RECIBISTE

Ya durante la etapa de negociación con los proveedores y antes de cerrar el trato, debiste haber tomado las previsiones necesarias en caso de recibir mercancía defectuosa o que no cumpla con las exigencias acordadas. De allí la importancia de la contratación de una Inspección Pre-embarque mencionada páginas atrás; no obstante, saber gestionar las devoluciones es importante dentro de cualquier negocio que compra en China.

En cuanto recibas la mercancía, comprueba lo antes posible el estado en que se encuentra y sigue estos pasos:

» Identifica si el inconveniente es responsabilidad directa del proveedor, o por problemas ocasionados durante el transporte y envío.

» Haz una lista de las unidades con defectos, y documenta con videos y fotografías las fallas presentadas.

» No más de dos días después de recibido el envío, reporta al proveedor los productos defectuosos o dañados.

DISPUTA EN ALIBABA

Para abrir una disputa en Alibaba, accede a tu cuenta y elige en la plataforma la opción de reclamo que se adecúe a tu caso. Una vez enviada la disputa, recibirás en tu correo electrónico una respuesta de Alibaba para continuar el proceso.

De llegar a un acuerdo con el proveedor, los caminos a tomar son rehacer las unidades defectuosas o reparar, para lo que aquel pedirá la devolución de esa misma cantidad de unidades defectuosas, acarreando semanas de tránsito y una serie de costes que no tenías planteado.

Otra posibilidad es un descuento en el próximo pedido, una alternativa que te propongo tomar en cuenta.

DISPUTA EN ALIEXPRESS

Finalmente, existe la posibilidad de abrir una disputa en Aliexpress y procesar la queja.

El equipo de quejas de Aliexpress procederá con las investigaciones entre parte y parte, aunque no es responsable legal del desenlace. Las razones para abrir una disputa son:

» Productos que no se adecuan a la descripción.

» Productos falsificados.

» Productos incompletos.

» Mala calidad del producto.

Luego de que la plataforma decida si admite o no tu reclamación, sigue las siguientes recomendaciones en caso de adelantar una disputa en esta plataforma:

» Enfócate en el problema más fácil de demostrar: si el producto presenta más de un defecto, concéntrate en el más visible.

» Revisa bien el anuncio antes de abrir una disputa.

» Demuestra con fotos de calidad tu problema.

» Indica claramente el motivo de tu reclamación, de manera objetiva y sin opiniones personales que nada tienen que ver en la discusión.

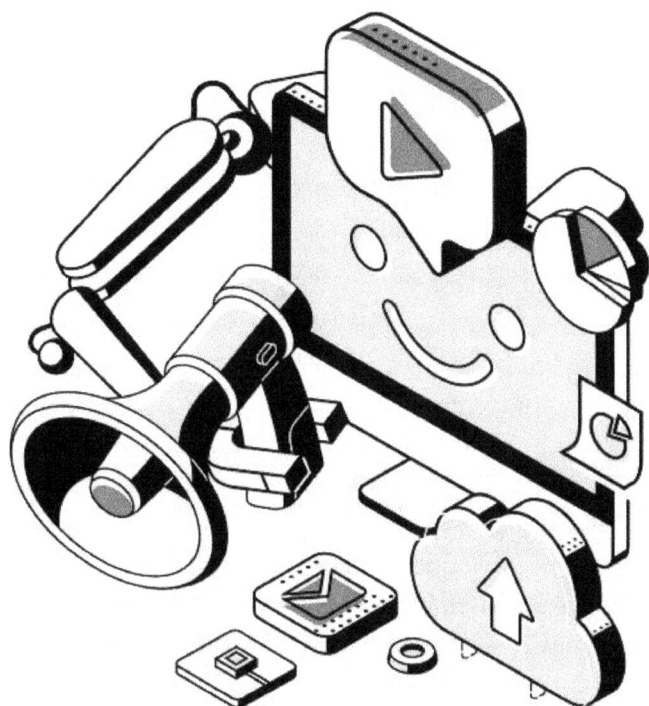

SIN **PROMOCIÓN** NO HAY VENTA

Lo que no se ve no se vende. Haz de las redes sociales tu mejor vitrina online.

Ahora con la mercancía en la mano, llega una pregunta que inquieta a muchos emprendedores: ¿qué hago para impulsar las ventas? Aunque ya has puesto en marcha muchas de las estrategias del plan de negocio que te sugerí desarrollar en los primeros capítulos, este es el momento de potenciar una etapa vital para asegurar el éxito de tu emprendimiento: la promoción.

Como licenciado en Administración, mención Mercadeo, he echado mano de las herramientas con las que cuento para potenciar el negocio a través de la promoción, y no dudo en afirmar que el éxito de mi emprendimiento se lo debo en gran parte a las redes sociales, una ventana abierta al mundo y a través de la cual los potenciales clientes tuvieron las primeras noticias sobre la excelencia. A partir de allí se fue consolidando y afianzando mi visión del negocio.

TU MARCA EN LAS REDES SOCIALES

Ya en el capítulo sobre los modelos de negocio, te adelanté la necesidad de una página web de tu marca así como diferentes opciones para desarrollar tu tienda digital y comercio electrónico. Ahora es momento de hacer sonar esas opciones mediante las redes sociales y otras plataformas online.

Para tener éxito en internet se necesita constancia, determinación, corazón y muchas agallas para no rendirte ante las dificultades.

Estaría de más afirmar aquí que las redes sociales son hoy la más potente herramienta de marketing para visibilizar una marca, incrementar las ventas y hacer que tu negocio escale.

Sin embargo, muchas personas desconocen los principios básicos para sacarle todo el provecho a las redes sociales, incurriendo en prácticas erróneas que, en vez de sumar, restan.

Paso a comentarte algunas de mis recomendaciones para que tu experiencia en estas plataformas sociales rinda los mejores beneficios:

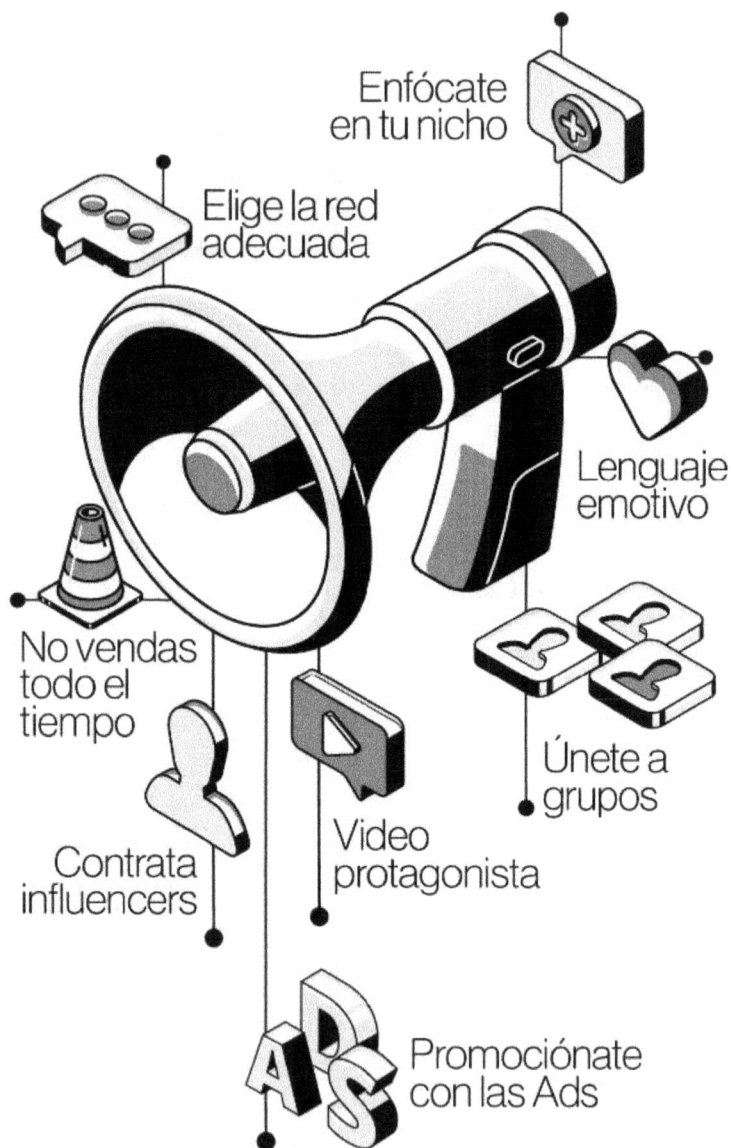

Enfócate
en tu nicho

Elige la red
adecuada

Lenguaje
emotivo

No vendas
todo el
tiempo

Únete a
grupos

Contrata
influencers

Video
protagonista

Promociónate
con las Ads

ELIGE LA RED ADECUADA

Aunque abundan las redes donde incursionar con tu marca, tales como Twitter, TikTok y la propia YouTube, la experiencia me ha demostrado que Facebook e Instagram son las que mejores resultados ofrecen al momento de promocionar y vender. Así que no te desgastes invirtiendo tiempo, dinero y esfuerzo creando contenidos para todas las redes, y concéntrate en Facebook e Instagram.

CÉNTRATE EN TU NICHO

La segmentación es clave en las redes sociales: identifica bien tu audiencia y los temas que más le interesan, así sabrás comunicarte con ella tomando en cuenta sus intereses, deseos y necesidades.

NO VENDAS TODO EL TIEMPO

Uno de los errores que cometen muchos emprendedores es publicar única y exclusivamente en sus redes sociales mensajes de ventas, descuentos, ofertas de temporada, y demás tipo de promociones. Pero a la gente no le gusta que le vendan todo el tiempo, así que raciona este tipo de mensajes publicitarios y, en su lugar, ofrece información de utilidad relacionada con tu nicho.

¿Cómo? Si vendes ropa, publica consejos sobre cómo combinar colores y accesorios. O si tu área es la venta de herramientas, ofrece recomendaciones sobre bricolaje. Esta orientación hará que crezca la credibilidad y reputación de tu marca, lo que finalmente se expresará en el aumento de las ventas.

LENGUAJE EMOTIVO

Adereza tus contenidos con frases creativas, ocurrentes y emotivas que provengan de tu propia experiencia y la de tu equipo de trabajo. Una manera muy recomendable es contar historias relacionadas con tu producto, ya sea cómo lo utilizan algunos usuarios o si le mejoró la vida a determinado consumidor, para conectar emocionalmente con tu público. Los stories de Instagram y Facebook, por ejemplo, son estupendos para cumplir con esta iniciativa y no exigen mayores gastos de producción.

VIDEO PROTAGONISTA

Aprovecha las prestaciones multimedia de las redes: las fotos son más efectivas que el texto, aunque hoy los algoritmos de las redes sociales les dan más difusión a los videos, además que la gente los consume y comparte con mucha facilidad.

CONTRATA INFLUENCERS

Identifica a influencers cuya audiencia se conecte con el tipo de producto que vendes, y contáctalo para conocer sobre sus tarifas promocionales. Te aseguro que es una de las opciones más efectivas para visibilizar tu marca y fomentar las ventas.

ÚNETE A GRUPOS

Tanto en Facebook como en LinkedIn abundan los grupos donde conseguir e intercambiar información sobre la importación en China. A través del buscador de estas redes, identifica estos grupos para despejar dudas y, por qué no, promocionar tu actividad comercial.

PROMOCIÓNATE CON LAS ADS

Todas las redes sociales ofrecen opciones de promoción pagadas muy útiles para potenciar la visibilidad de tus productos y aumentar las ventas. Estas herramientas son conocidas como Social Ads, tema sobre el cual sobra información en internet.

VITRINAS **VIRTUALES**

Las redes sociales también ofrecen herramientas específicas para visibilizar y rentabilizar tu negocio. Pasemos a revisar algunas de las que sí o sí tienes que echar mano:

INSTAGRAM SHOPPING

Hoy en día Instagram cuenta con más de 1000 millones de usuarios activos en todo el mundo. Es, sin duda, un gran canal de venta para las marcas que desean dar a conocer sus productos.

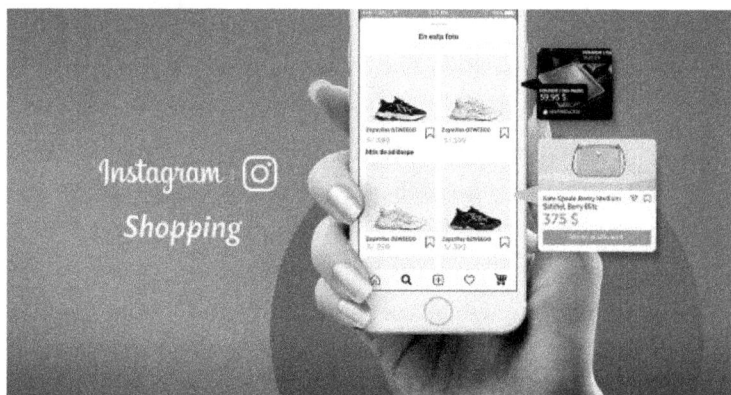

Con la función de Instagram Shopping, los emprendimientos tienen la posibilidad de usar su cuenta de Instagram como una vidriera virtual, exponer sus productos con etiquetas de precios y redirigir a los seguidores directamente a su tienda online. Son pocos los requisitos para montarse en la ola de esta eficaz herramienta:

» Tener un perfil de empresa, así como una Fan Page en Facebook.

» Descargar la última versión de Instagram.

» Haber publicado con anterioridad 9 imágenes como mínimo.

» Que vendas productos físicos en una web oficial.

» Integrar tu catálogo en Facebook.

» Cómo instalar Instagram Shopping

» Dirígete a los ajustes de tu cuenta de Instagram.

» Pulsa en productos.

» Selecciona el catálogo de productos.

» Sube las imágenes y etiqueta los productos al igual como haces cuando etiquetas personas en las publicaciones.

» Escribe el nombre y acepta.

FACEBOOK MARKETPLACE

Con esta funcionalidad, Facebook busca promover la venta de productos dentro de la propia red social. Si quieres vender utilizando este servicio, deberás contar con fotografías, descripciones sobre el producto y el precio de venta, luego de lo cual podrás revisar las veces en que ha sido vista tu publicación y, una vez que tengas compradores, enviar mensajes para acordar plazos de entregas y métodos de pago.

Entre las ventajas de esta modalidad resaltan:

» Buscar artículos o explorar por categoría utilizando filtros para modificar la ubicación del vendedor o el precio, además de guardar las publicaciones que te interesen.

» Unirte a grupos de compraventa para mercadear junto a otras personas con tus mismos intereses.

» Enviar mensajes a través de Messenger sin salir de Facebook, con lo que el comprador podrá plantearte dudas sobre el producto y acordar los detalles de la compra, entre otras acciones.

LOS PRIMEROS PASOS

Empezar a vender bajo este sistema no presenta mayores complicaciones:

1. Una vez en tu cuenta de Facebook, haz clic en Marketplace en el menú de la izquierda.

2. Pulsa en + Vender algo y, a continuación, en Artículo en venta.

3. Escribe el título del anuncio, el precio, tu ubicación y la categoría del artículo.

4. Sube una foto de tu artículo.

5. Publicar.

CATÁLOGO DE PRODUCTOS EN WHATSAPP BUSINESS

Esta herramienta de mensajería sin la cual ya no podríamos vivir, también ha dado un paso adelante para apoyar las iniciativas comerciales y ofrece WhatsApp Business, servicio que permite a pequeñas compañías poner su catálogo de productos a disposición de los usuarios.

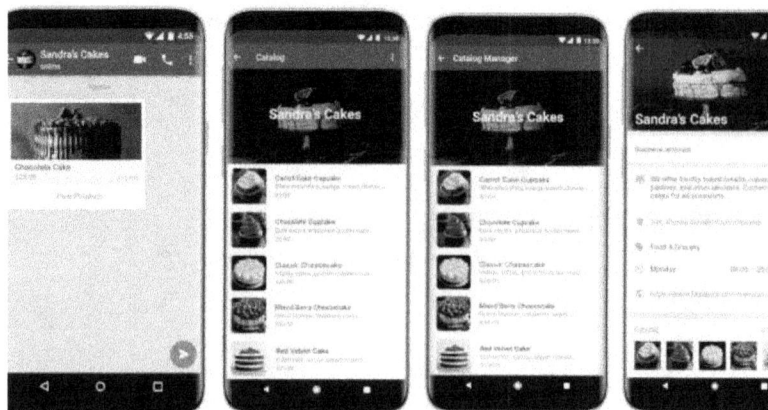

Lo primero que debes hacer es modificar tu cuenta tradicional de WhatsApp por la modalidad business, para lo que solo debes descargar en tu teléfono la versión business y la propia aplicación te indica qué pasos seguir. Seguidamente, explora todas las alternativas para promocionar tu negocio, tales como:

» Mostrar la información más importante de tu negocio, como tu dirección física, correo electrónico y sitio web.

» Crear un catálogo de productos y servicios para promocionarlos por WhatsApp.

» Etiquetar a tus contactos y mensajes por categorías, ya sean clientes potenciales, clientes establecidos, proveedores, o equipo de trabajo.

» Interactuar con tus redes sociales y página web para promocionar tus productos e impulsar las ventas.

» Incorporar mensajes de bienvenida, de ausencia, así como respuestas rápidas que se envían con solo darle a un par de clics.

BLOG EN TU WEB

Si cuentas con una página web, es imprescindible que incorpores un blog donde publiques contenido relacionado con tu producto, pero no solo promocional, sino de utilidad para tus lectores. ¿Por qué?

Tal como apunta el experto en social media e influencer Antonio Torrealba, en su libro Convierte a tus seguidores en clientes, "a diferencia del marketing tradicional en el que las empresas invertían su presupuesto en avisos, banners y demás acciones publicitarias convencionales, el Inbound Marketing es una serie de técnicas no invasivas que procura captar clientes ofreciéndoles contenidos de valor para que sea la propia audiencia quien recurra a la organización porque sabe que allí podrá satisfacer determinada necesidad".

Según este experto, hay ciertas indicaciones que debes seguir para lograr que el blog rinda los beneficios esperados para tu negocio:

» Alinea los temas de los artículos con los intereses del público objetivo: la meta de un blog corporativo no es que todo el mundo lo visite, sino aquellas personas con más probabilidades de convertirse en clientes.

» Organiza un cronograma de publicación para que no esté desactualizado. Así evitarás que los visitantes no pierdan el interés al toparse con las mismas "noticias viejas".

» Pon títulos llamativos, que prometan resolver un problema, y como generalmente las personas hacen sus búsquedas en Google. Un ejemplo sería "Cómo pintar tus labios para la noche", en caso de que vendas cosméticos; o "Cómo componer un grifo que gotea", si tu nicho son las herramientas de ferretería.

» En caso de ser un emprendedor con fallas de ortografía y redacción, destina parte del presupuesto para pagarle a un corrector.

Estudia la posibilidad de contratar a un community manager que, además de manejar tus redes sociales, también cuente con la capacidad de escribir artículos para tu blog con una periodicidad de al menos un artículo semanal.

GLOSARIO
A CONOCER

Aquellos términos con que debes familiarizarte para dominar este negocio.

Aduanas

Instancias oficiales de los Estados nacionales encargadas de revisar que la importación o exportación de mercancías cumplan con los requisitos de entrada y salida, así como de cumplir con los tributos o impuestos requeridos. Incumplir con la documentación requerida conlleva inspecciones detalladas, retrasos burocráticos, multas, gastos extra o incluso retención de la mercancía o contenedor.

Alianza estratégica

Relación entre dos emprendedores, negocios o empresas para combinar esfuerzos y lograr un propósito específico.

Aranceles

Son los impuestos especiales estipulados sobre los bienes a importar. Estas tasas gravan todo producto proveniente del exterior para comerciar en el país. Los aranceles son decididos soberanamente por los países para controlar el comercio externo, proteger la producción nacional y beneficiarse de la actividad comercial que implique la importación de mercancías.

AQL

Sus siglas en inglés, AQL, se traducen como Límite de Calidad Aceptable, o "el máximo porcentaje de defectos que puede ser considerado satisfactorio para la muestra escogida".

El estándar está establecido por la norma ISO 2859-1 (ANSI/ASQC Z1.4-2003). En nuestro caso, los bienes provenientes de China deben cumplir con la cantidad de productos defectuosos que estemos dispuestos a aceptar en una operación de importación. Los defectos se dividen en 3 categorías:

• Menores: implica ciertas diferencias con lo establecido, pero no incide en el uso final.

• Mayores: podrían afectar la funcionalidad del bien.

• Críticos: su uso supone un peligro o uso inseguro.

El importador es el que determina el nivel de tolerancia dispuesto a aceptar para cada estos tipos de defectos. Fijar por ejemplo, un 3 % para el AQL, supone que asumiremos ese porcentaje de bienes con defectos en una operación de importación dada.

Bill of Lading

Se trata de un documento relativo al transporte marítimo de mercancías, traducido como Conocimiento de embarque o B/L (por sus siglas en inglés). Este recibo tiene las siguientes finalidades:

• Informar de los bienes que estás transportando en el barco, especificando qué estado presentan.

• Servir como un contrato

legal de transporte marítimo.

- Es un documento de propiedad de la mercancía que se transporta en el buque. Solo el portador del documento o recibo, especificado como propietario, podrá retirar los bienes cuando el contenedor llegue a puerto.

- Como contrato de propiedad sobre la mercancía importada, se puede negociar, a la vez de servir de garantía o título de crédito ante el sistema bancario.

Branding

Todo aquello que diferencia y da relevancia a una marca, ya sea el nombre o el logo, hasta elementos intangibles como sus valores.

CFR "Cost and Freight" (coste y flete)

Inconterm en el que el vendedor paga los gastos de transporte y otros necesarios para que la mercancía llegue al puerto convenido, si bien el riesgo de pérdida o daño de la mercancía se transmite de vendedor a comprador una vez haya sido entregada, o se encuentre a bordo del buque en el puerto de embarque y haya traspasado la borda del mismo. También exige que el vendedor despache la mercancía de exportación.

Circuito Verde, Naranja o Rojo

Implica tres niveles de alerta dentro del transporte

marítimo internacional al momento en que la mercancía llega al despacho de aduanas:

• Verde implica que no hubo incidencias en el ingreso de los bienes al país.

• Naranja supone que los funcionarios aduaneros se detuvieron en la documentación presentada, por lo que hay que mantenerse atentos ante cualquier solicitud de documentos extra.

• Rojo, que definitivamente la mercancía se retuvo en aduanas para una inspección detallada.

Contenedor
Recipiente utilizado para depositar un embalaje grande, de dimensiones y tipos normalizados internacionalmente, que se utiliza para el traslado de mercancías.

Costo
Desembolsos y deducciones directos causados por el proceso de fabricación o por la prestación del servicio o producto.

Courier
O entrega puerta a puerta, se refiere tanto a la persona como a la empresa que ofrece el servicio de llevar correspondencia, cartas o paquetes de un lugar a otro.

Despacho de aduanas
Instancia de la autoridad aduanera ante la que se debe

documentar la declaración de importación o exportación de mercancías. El despacho de adunas regula -a través de diversos trámites, requisitos legales y operaciones dentro del recinto aduanero- todo lo que entra y sale del país, sobre todo si se trata una operación de comercio internacional. Además de la obvia información fiscal del importador y exportador que se solicita, las autoridades aduaneras y tributarias piden datos sobre la mercancía, como su origen y destino final, tipo y cantidad importada en volumen, bultos y peso (neto y bruto), así como el pago de impuestos y el medio de transporte utilizado.

Economía de escala

Estructura de organización empresarial en la que suben las ganancias sin que los costos operacionales aumenten.

ETA o Tiempo Estimado de Llegada

ETA son las siglas en inglés del Estimated Time of Arrival, traducido como Tiempo estimado de llegada. La frase es propia del transporte marítimo y aéreo, indica el tiempo calculado y la hora para que el transporte llegue a destino.

EXW "EX WORK" (en fábrica)

Inconterm en el que el

vendedor se obliga a poner la mercancía a disposición del comprador en su establecimiento o lugar convenido (fábrica, taller, almacén, etc.), sin despacharla para la exportación ni efectuar la carga en el vehículo receptor, concluyendo sus obligaciones.

Factura Proforma

Formato provisional, no apto para los libros contables, que sirve para establecer los términos de una futura transacción comercial. En ella se detalla la información sobre la venta de bienes o prestación de un servicio, precio, cantidad, impuestos respectivos, etc. Sirve como presupuesto donde se indican las condiciones de la transacción con el cliente. Aunque no es una factura contable, en casos de incumplimiento es utilizado como recurso legal para demostrar la promesa de una transacción comercial.

FCL

Corresponde a las siglas Full Container Load (carga de contenedor completo), y es un tipo de envío marítimo en el que la carga ocupa el espacio total disponible en un contenedor completo.

FCA "Free Carrier" (Franco Transportista)

El vendedor entrega la mercancía y la despacha para la exportación al transportista nombrado por el comprador en el lugar convenido. El lugar de entrega elegido determina las obligaciones de carga y descarga de la mercancía en ese sitio: si la entrega se hace en los locales de vendedor, este es responsable de la carga; si la entrega ocurre en cualquier otro lugar, el vendedor no el responsable de la descarga.

FOB

Acuerdo de compraventa utilizado en el comercio internacional para referirse a las condiciones, derechos y obligaciones que existen tanto para el comprador como para el vendedor. Es importante porque determina las obligaciones, deberes y responsabilidades de cada una de las partes. Cuando estamos en presencia del Incoterm FOB es para resaltar que el traslado del riesgo y responsabilidad de la mercancía ocurre una vez que esta se encuentra a bordo del buque de carga.

Flete

Es el costo a pagar por el desplazamiento de una carga en un medio de transporte. También es conocido como el costo de alquiler del ransporte para el traslado de productos, es decir, el precio del servicio que presta el transportista. En términos generales, el precio depende del volumen de la mercancía, sul peso y de la distancia hasta el punto de entrega.

Freight Forwarder

Es un agente de carga que maneja la normativa vigente y se responsabiliza de negociar directamente con los proveedores de transporte para conseguir los mejores precios y las rutas más rápidas.

Fuentes de financiación

Mecanismos que permiten a una empresa contar con los recursos económicos necesarios para el cumplimiento de los objetivos de creación, desarrollo, posicionamiento y consolidación de una idea de negocio.

Grupaje

La figura según la cual un número determinado de importadores o exportadores individuales se agrupan para completar un container con sus respectivas cargas de mercancías, y que individualmente no podrían hacerlo.

Guangzhou

Conocida también como Cantón, es la tercera ciudad más grande de China, y puerto comercial con industrias de biotecnología, montaje de autos y la industria pesada. Muchos comerciantes de todo el mundo llegan anualmente a esta ciudad para forjar buenas relaciones comerciales, aprovechando las exposiciones que se dan en la Feria de Cantón.

Incoterms

Término derivado de International Commercial Terms, que agrupa las normas de aceptación voluntaria en un contrato de compraventa internacional. Especifica los costes de las transacciones comerciales internacionales, las responsabilidades entre el comprador y el vendedor, y la práctica actual en el transporte internacional de mercancías.

LCL

Corresponde a las siglas Less Than Container Load (menos que una carga de contenedor) y es un tipo de envío marítimo en el que la mercancía ocupa menos que el espacio total de un contenedor completo, lo que significa que el contenedor será compartido y en él viajarán mercancías de diferentes proveedores.

Marketing

Conjunto de procesos de investigación, promoción, venta y distribución de un producto o servicio. Incluye la publicidad, la promoción, el precio y el empaque en general de los bienes o servicios.

MOQ

Cantidad mínima que exige el proveedor, y se expresa en unidades del producto. En algunos casos este pedido mínimo es negociable, pudiendo alcanzar una rebaja hasta del 15 %, siempre y cuando esta reducción no implique la baja de la calidad de los productos.

Minimum Viable Product (MVP)

Producto desarrollado con la mínima cantidad de recursos posibles que permitirá validar ante los primeros clientes la solución de un problema.

Naviera

La empresa propietaria de los barcos de transporte marítimo de mercancías. Lleva los contenedores llenados por los actores del comercio mundial. Cuando se completa el contenedor en el puerto, se traslada al buque en donde se pesa y organiza para comenzar su viaje a destino.

NVOCC

Un agente NVOCC (acrónimo inglés de Non Vessel Operating Common Carrier) es una persona natural o jurídica que ofrece servicios de consolidación marítima, a través de la reserva de espacio en buque para los envíos en representación del consignatario de buques. Asimismo, es responsable de procesar la documentación, emitir conocimientos de embarque y cumplir con otras tareas vinculadas con el envío de mercancía.

Packing List

Se trata de un inventario de la carga que el exportador debe emitir obligatoriamente para el respectivo control aduanero. Además de los datos del proveedor o exportador, esta lista debe incluir información de las fechas del pedido y envío, datos del transporte (número del documento, así como origen y destino de la mercancía), número de factura, tipo de bulto y su respectivo embalaje, cantidad de bultos y su contenido específico (unidades o productos), peso neto y bruto de cada bulto, sus dimensiones o volumen, código tributario del envío, valor comercial de los bultos, etc. Mientras más detallado, mejor. Es un documento de exportación para obtener el Bill of Lading, o requisito de transporte marítimo de mercancía.

Pasivo

Conjunto de obligaciones contraídas con terceros por una persona, empresa o entidad.

Pivotar

Movimiento que hacen los emprendedores o empresas cuando entienden que sus potenciales clientes les están pidiendo algo distinto a lo que ellos ofrecen.

Presupuesto

Previsión financiera de los egresos e ingresos necesarios para cumplir con las metas establecidas.

Product Market Fit

Punto en el que un nicho de mercado reacciona positivamente ante tu producto o servicio y está dispuesto a pagar por él.

PRC

People's Republic of China que, traducido al español, significa RPC o República Popular de China. Etiqueta que en algunos productos sustituye la tradicional "Made in China", y presente en varios productos de calidad de marcas reconocidas, como Bosch, Makita e Hitachi.

Punto de equilibrio

Indiciador que determina la solvencia de un negocio. Es un punto en el que los costos fijos y variables de un negocio están cubiertos por sus actividades comerciales, lo que representa el punto de inflexión entre beneficio y pérdida.

Rentabilidad

Beneficios que obtiene una empresa en relación a las fuentes de ingresos.

Riesgo

Posibilidades de que ocurra alguna circunstancia contraria que no permita el resultado positivo esperado. Es el cálculo anticipado de las posibles pérdidas.

Transitario

Es un embarcador o agente de carga que presta servicios en el transporte internacional de mercancías como intermediario entre el exportador o importador y las compañías de transporte.

Target

El público objetivo al que va dirigido un determinado producto o servicio.

Traders

Intermediario entre el comprador y la fábrica o proveedor, y que ofrece cantidades más pequeñas para importar, facilitando así pedidos mínimos y adaptados a las necesidades del comprador. Por lo general fija precios superiores a los que dan las fábricas, pues incluye su comisión dentro del costo a pagar.

La primera edición de
CÓMO IMPORTAR DESDE CHINA
fue impresa en 2021

www.ingramcontent.com/pod-product-compliance
Lightning Source LLC
Chambersburg PA
CBHW071851200326
41519CB00016B/4328